# INTERNET PLUS
# 互联网+

传统企业商业模式升级与创新

荆涛◎著

中国财政经济出版社

## 图书在版编目（CIP）数据

互联网+：传统企业商业模式升级与创新／荆涛著．
—北京：中国财政经济出版社，2015.12
ISBN 978-7-5095-6395-3

Ⅰ．①互… Ⅱ．①荆… Ⅲ．①互联网络-应用-企业管理-商业模式-研究 Ⅳ．①F270.7

中国版本图书馆 CIP 数据核字（2015）第 229420 号

责任编辑：潘　飞　　　　　责任校对：胡永立
责任印制：刘春年　　　　　版式设计：丁丁图文

中国财政经济出版社 出版

URL：http://www.cfeph.cn
E-mail：cfeph@cfeph.cn
（版权所有　翻印必究）
社址：北京市海淀区阜成路甲 28 号　邮政编码：100142
营销中心电话：010-88190406　北京财经书店电话：010-64033436
北京中兴印刷有限公司印刷　各地新华书店经销
787×1092 毫米　16 开　13.25 印张　149 000 字
2015 年 12 月第 1 版　2015 年 12 月北京第 1 次印刷
定价：42.00 元
ISBN 978-7-5095-6395-3/F·5152
（图书出现印装问题，本社负责调换）
本社质量投诉电话：010-88190744
反盗版举报热线：88190492　88190446

# 序 言
PREFACE

## "互联网+"时代,落地派更有"钱途"

现代管理学之父彼得·德鲁克说:"当今企业之间的竞争,不是产品之间的竞争,而是商业模式之间的竞争。"

当我们来到"互联网+"时代,会发现:原来菜品不算多的雕爷牛腩也能人满为患;原来卖煎饼果子的黄太吉也能赚大钱;原来橙子也能有专属于自己ID的品牌;原来作为一个新产品的小米也可以深入大众,并成为众多新型公司追捧学习的对象……

这一切都要归结于,这些品牌和公司都玩转了互联网。在今天这个"互联网+"时代,你若再无动于衷,恐怕就要彻底out了。与此同时,你明明对互联网动了心思,对企业未来充满希望和野心,但却不知道如何在"互联网+"时代让行动计划落地,那么在未来的某一天,你就真的要被这个时代淘汰了。

**人人都在谈论"互联网+",究竟什么是"互联网+"?**

首先需要指出的是,"互联网+"不是单纯的"互联网思维",两者有本质的区别。"互联网+"是基于互联网平台而展开的行动计划落地和创新手段,它源于但超出"互联网思维"。而"互联网思维"则属于思考层面,是"互联网+"的重要组成部分。

2015年3月5日,李克强总理在其政府工作报告中指出:"要制定'互联网+'行动计划,推动移动互联网、云计算、大数据、物联网等与现代制造业结合,促进电子商务、工业互联网和互联网金融健康发展。"

最初,"互联网+"的提出者是全国人大代表、腾讯董事会主席兼CEO马化腾,用他的话来说:"'互联网+'战略就是利用互联网的平台,利用信息通信技术,把互联网和包括传统行业在内的各行各业结合起来,在新的领域创造一种新的生态。"

马化腾说,"'互联网+'是一个趋势,加的是传统的各行各业。过去十几年,互联网的发展很清楚地显示了这一点:加媒体产生网络媒体,对传统媒体影响很大;加娱乐产生网络游戏;加零售产生电子商务,现在已经很大;最近互联网金融非常热,互联网将让金融变得更有效率,更好地为经济服务,符合'普惠金融'的精神。"

新华网某评论文章称,"作为已经是世界制造业大国的中国,不仅需要继续破解仍存在的粗放发展、核心竞争力依然薄弱等问题,更需要与基于互联网技术的移动互联网、云计算、大数据、物联网等相结合,提升中国制造业的成色与品质。全国人大代表、中国工程院院士樊会涛说,这是实施创新驱动发展战略的有效手段,将为中国制造业转型升级提供有力支撑。"

总之,关于"互联网+",不同领域的企业家有不同的见解。

联想集团总裁杨元庆说,"我理解的'互联网+'就是全民互联网和全产业的互联网。过去我们关注互联网的话,仅仅只是关注那些互联网企业,关注互联网企业所能够带来的那些虚拟的产品和服务。而'互联网+'的话,未来行行业业都要用互联网来改造,来升级,而且你要是不改造自己的话,你就被改造了。这个方面很好的例子是像滴滴打车,是我们传统的出租车行业一个互联网化的转型。"

而小米公司董事长雷军也说,"很高兴总理引用'风口理论',说明总理非常关注互联网行业。包括总理政府工作报告四段提到互联网,制定'互联网+'行动计划,都体现了对互联网行业前所未有的重视。希望互联网行业能成为中国新经济转型的助推器,激发市场活力。"

的确,经过近几年的发展,互联网与各个行业都在一步步更紧密地交融,而那些站在发展最前沿的赢家无疑是善于发现机遇的企业。

在我国经济转型升级过程中,许多优秀的互联网公司如百度、阿里巴巴、京东、支付宝等都为中国未来的经济提供了新的思考路径和丰富的经验。

许多传统行业在看到互联网强大的渗透力后,不敢小觑"互联网+"的时代力量,纷纷变革发展模式和路径,抢占市场制高点。

既然如此,了解"互联网+"就显得尤为必要。互联网的本质,离不开"互联网+"的时代背景。在未来,"互联网+"公式将更广泛地应用于你所处行业的产品和服务,并与更多的应用场景结合,产生新的应用公式。根据这一的思路,如何找到你所处行业的"互联网+"商业模式,让行动计划真正落地,是所有企业需要认真思考的问题。

### 企业的"互联网+"商业模式如何落地？

自从李克强总理提出"互联网+"行动计划后，满城尽是"互联网+"的概念。

随着互联网技术的升级和市场经济的发展，互联网与传统行业正在深度融合。传统行业将迎来新一轮的革命和升级。与此同时，"互联网+"商业模式亦成为各大企业竞争的新常态。如果传统企业只是盲目追"互联网+"的脚步，而没有找到适合自己的商业模式，将很难带来实际的效益。

大部分传统企业在"互联网+"时代转型过程中，表现出的最大的"痛点"在于：

一是不够市场化——传统企业在寻找"互联网+"商业模式时，首先应该对用户需求有充分的了解，市场化是互联网化的前提。

二是不够信息化——我国互联网的发展与美国不同（美国行业和企业实现了高度信息化）。我们的企业基于互联网技术推动产业转型时，必然有信息互联的需求，这也是在通过互联网创新提升企业的信息化程度。

有了了解，找到了"痛点"，下一步是什么？绝对不是盲目行动！

有太多企业在"互联网+"时代的变革浪潮中"找不着北"，在这场运动中，传统行业出现了两派。"天真派"认为只要花钱做个网站，APP就是"互联网+"了。网站做得好就会有生意，研发个APP就会有用户下载。"恐惧派"认为"互联网+"就是放弃线下，全力以赴做好线上交易，实现互联网化。也不乏一些传统企业在面对汹涌的暗流时，感到困惑。许多企业人不知该如何进行"互联网+"转型。要想让行动计划落地，就要利用好工具（如云计算、大数据、平台等），便捷沟通，提高效率。

现实中，很多企业都犯过上述两派的错误，只是错的程度不同罢了。

其实，一个企业的转型、进步，不是想出来的，也不是规划出来的，而是走出来的。

比何谓互联网转型、何谓"互联网+"更重要的是，不管时代如何变迁，了解用户需求、加快对市场的反应速度，提升效率才是企业发展的使命。

不管怎样变革，我们都要吃饭、上厕所、看电影、看新闻，无非是各个产业的环节缩短了，链条变了，目的都是提升产品、服务的质量。要实现这些，最可行的途径就是利用工具满足需求、提高效率。从这个角度而言，行动落地和工具的作用如出一辙。

对于大部分传统企业而言，应该立刻去做的不只是制定"互联网+"转型战略，而是先学会"拿来主义"——用新型的落地工具（模式）改变自己，把握对市场的敏锐嗅觉。

本书从"互联网+"时代背景出发，站在理论层面、实践经验等多个角度，结合当下市场发展趋势与行业现状，全方位阐述了传统企业拥抱"互联网+"的六个商业模式落地策略，并用通俗易懂的文字将企业发展的全新"引擎"（转型路径）一一呈现出来，对企业把握新时代的机遇有实际的指导意义。

回过头看，"互联网+"原来并不神秘，也并不困难，就看你是否有一颗勇于参与变革的心。

# 目录

## 上篇 正在爆发的"互联网+"革命

**认知1　站在"互联网+"的时代风口**
　　解读创新2.0下的新业态："互联网+" …………………… 003
　　六大核心商业模式让"互联网+"落地 …………………… 006
　　大批企业涌入"互联网+"，赶潮流还是真转型? ………… 012
　　"互联网+"时代的三个陷阱 ………………………………… 015
　　结论：养成"互联网+"的思维习惯 ………………………… 017

**认知2　"互联网+"商业模式落地，企业才有无限可能**
　　惠普公司的"互联网+"落地方式 …………………………… 022
　　从工具切入，企业转型更接"地气" ………………………… 023
　　拥抱"互联网+"的三个转型层次 …………………………… 025
　　"互联网+"落地的五个关键 ………………………………… 026
　　成功经验是传统企业转型的最大障碍 ……………………… 029
　　结论：看懂"互联网+"的风往哪里吹 ……………………… 030

## 下篇 "互联网+"落地的六大核心商业模式

### 模式1 "工具+社群"商业模式：工具解决痛点，社群沉淀流量

"互联网+"的三张皮：内容+社群+商业 ………………………… 035
每个品牌都要有属于自己的"社群"吗 …………………………… 038
移动互联网时代的社群商业 ………………………………………… 041
信息越多越易被吸引的数字社群 …………………………………… 044
社群的整体效应 ……………………………………………………… 046
细分社群：打入消费者内部 ………………………………………… 048
吸引社群的三种能力 ………………………………………………… 051
吸引社群的三个落地途径 …………………………………………… 061
结论：最好的改变方式是参与变化 ………………………………… 065

### 模式2 免费商业模式：理解"免费"背后的逻辑精髓

实现免费了就是马云第二？ ………………………………………… 068
"互联网+"的本质：不是免费，而是盈利 ………………………… 071
追求"坏利润"，远离"好客户" ………………………………… 073
忽略用户体验，免费也是"浮云" ………………………………… 077
"免费"思维可以有：本质是创意 ………………………………… 082
结论：任何一道"免费"菜肴都是对人性的思考 ………………… 086

### 模式3 平台商业模式：互联网无边界，打造足够大的平台

"互联网+"时代的利润池之战 ……………………………………… 089
传统企业的机遇：开放平台 ………………………………………… 092
站在大平台上就能屹立不倒吗 ……………………………………… 096

创新内核：以时间、地理为平台 ························· 100

"赢家通吃"竞争法则 ····································· 103

结论：借力"互联网+"平台资源才可能风生水起 ········· 110

## 模式 4　O2O 商业模式：实现虚与实、线上与线下的深度融合

O2O（Online To Offline）背后 ···························· 115

大数据时代的 O2O 运营 ·································· 117

O2O 与二维码的前世今生 ································· 122

O2O 与电商：大战后的线上线下风光 ····················· 129

O2O 社会化网络营销破局之路 ···························· 133

结论：重新审视企业的 O2O 组织力 ······················· 136

## 模式 5　长尾商业模式："多款少量"，通过 C2B 实现个性化定制

无处不在的"长尾" ······································· 139

"长尾"也是一种经济形态 ································ 145

"互联网+"时代，得"长尾"者得天下 ···················· 149

留住"长尾"的七个策略 ·································· 152

变革是必经之路，更需要理解与感悟 ······················ 156

结论："互联网+"时代的"速度法则" ····················· 161

## 模式 6　跨界商业模式：你看不见的竞争者才是真正的对手

"互联网+"时代的企业跨境之困 ·························· 165

产业跨界："走出去"的智慧 ······························ 173

产品跨界：总能找到市场空间 ····························· 176

人群跨界：锁定目标消费者 ······························· 180

传播跨界：短时间内提升品牌知名度 ······················ 184

渠道跨界："得中原者得天下" ···························· 188

文化跨界：成为"互联网+"时代的超级企业 ··············· 191

结论：兼顾品牌与销量，兼得"鱼"和"熊掌" ············· 194

## 上 篇
## 正在爆发的"互联网+"革命

何为"互联网+"？何为"互联网+"转型？

在这场"互联网+"的革命中，许多企业（尤其是传统企业）在面对汹涌的竞争时，惶恐不安，困惑重重。大部分人不知道、更不懂得如何拥抱"互联网+"。

对于一个企业来说，了解市场需求，提升效率，加快市场反应速度，这是变革的根本目的。然而，站在"互联网+"的时代风口，步子太小或找不到北的企业，终将被市场迅速淘汰。无论如何，唯有有了最基本的认知，企业才能进一步让商业模式落地，发现未来的无限可能。

# 认知 1
# 站在"互联网+"的时代风口

## ✚ 解读创新 2.0 下的新业态:"互联网+"

2015 年 3 月 5 日,第十二届全国人民代表大会第三次会议在人民大会堂正式开幕。李克强总理提出制定"互联网+"行动计划。"互联网+"的提法站在了一个前所未有的高度,而"把一批新兴产业培育成主导产业"出现在总理政府工作报告中也是第一次。

李克强在政府工作报告中提出:"制定'互联网+'行动计划,推动移动互联网、云计算、大数据、物联网等与现代制造业结合,促进电子商务、工业互联网和互联网金融健康发展,引导互联网企业拓展国际市场。"

### ■ 什么是"互联网+"?

"互联网+"战略最初是全国人大代表、腾讯董事会主席兼 CEO 马化腾向全国人大提出的四个建议之一。马化腾解释说,"互联网+"战略就是利用互联网的平台,利用信息通信技术,把互联网和包括传统行业在内的各行各业结合起来，在新的领域创造一种新的生态。

简单地说，互联网+就是"互联网+XX传统行业＝互联网XX行业"，当然，实际的效果绝不是简单的相加。

"互联网+"的例子不是什么新鲜事物，比如，传统百货卖场+互联网有了京东，传统集市+互联网有了淘宝，传统银行+互联网有了支付宝，传统的红娘+互联网有了世纪佳缘，传统交通+互联网有了快的、滴滴，而传统新闻+互联网有了柴静《穹顶之下》病毒式的传播。

当然，我们在制定"互联网+"相关行动计划的时候，必须对未来的格局有更清晰的判断：

其一，总理讲到"互联网+"，并不意等于"互联网+"就会让你轻松地跨越。总理发起了"互联网+"的号召，所有的企业都可能被"互联网+"威胁。你可能被别人的"互联网+"淘汰，不单纯是传统企业，还有那些所谓的优秀的互联网企业。可能一些传统企业的认知早那么几十年，但在这个大的背景下，仍然将有可能被更好地推动"互联网+"的企业所淘汰。

其二，总理谈到"互联网+"的时候提到大数据和云计算，大数据让互联网的冲击更为精准，同时云服务提供了平台级服务。在这个大的背景下，传统企业须以"互联网+"守正出奇。

### ■ "互联网+"：对传统产业不是颠覆，而是换代升级

"互联网+"不仅正被全面应用到第三产业，形成了诸如互联网金融、互联网交通、互联网医疗、互联网教育等新生态，而且正在向第一和第二产业渗透。马化腾表示，工业互联网正在从消费品工业向装备制造和能源、新材料等工业领域渗透，全面推动传统工业生产方式的转变；农业互联网也在从电子商务等网络销售环节向生产领域渗透，为农业带来新的机

遇，提供广阔的发展空间。

"互联网＋"对传统产业的影响不只是颠覆那么简单，更是产业的换代升级。如今，"互联网＋"的触角延伸到了传统产业的各个领域，如下表所示：

"互联网＋"对传统产业的影响

| 领域 | 影响 |
| --- | --- |
| 通信领域 | 在通信领域，互联网＋通信有了即时通信，现在几乎人人都在用即时通信App进行语音、文字甚至视频交流。然而传统运营商在面对微信这类即时通信App诞生时简直如临大敌，因为语音和短信收入大幅下滑，但现在随着互联网的发展，来自数据流量业务的收入已经大大超过语音收入的下滑，可以看出，互联网的出现并没有彻底颠覆通信行业，反而是促进了运营商进行相关业务的变革升级 |
| 交通领域 | 在交通领域，过去没有移动互联网，车辆运输、运营市场不敢完全放开，有了移动互联网以后，过去的交通监管方法受到很大的挑战。从国外的Uber、Lyft到国内的滴滴、快的，移动互联网催生了一批打车、拼车专车软件。虽然它们在全世界不同的地方仍引发不同的争议，但它们通过把移动互联网和传统的交通出行相结合，改善了人们出行的方式，增加了车辆的使用率，推动了互联网共享经济的发展，提高了效率，减少了排放，对环境保护也作出了贡献 |
| 金融领域 | 在金融领域，余额宝横空出世的时候，银行觉得不可控，也有人怀疑二维码支付存在安全隐患，但随着国家对互联网金融的研究越来越透彻，银联对二维码支付也推出了标准，互联网金融得到了较为有序的发展，也得到了国家相关政策的支持和鼓励 |
| 零售、电子商务等领域 | 在零售、电子商务等领域，过去这几年都可以看到和互联网的结合，正如马化腾所言，"它是对传统行业的升级换代，不是颠覆掉传统行业。"在其中，又可以看到"特别是移动互联网对原有的传统行业起到了很大的升级换代的作用" |

"互联网＋"归根到底是态度，是我们面对客户的态度，是我们面对

创新的态度,是我们面对未来的态度。在过去十几年,大量传统企业推动互联网化转型,推动"互联网+"。这些企业面对"互联网+"的时候,经过通盘的判断,还面临各种挑战的时候,毅然决然走向这条创新的道路。从这些优秀企业互联网化的创新中,我们感受到互联网的本质本性是面向未来,面向客户以及面向创新的正能量的态度。

### ■ "互联网+"时代有多少可能性

有互联网+海鲜,有互联网+马桶,互联网+金融,互联网+教育,互联网还能加什么呢?互联网还能加钢琴?互联网到底还有怎么样的可能?"互联网+"根本的性质和特点是什么呢?分析如下表:

**"互联网+"的几种可能性猜想**

| 可能性 | 简要分析 |
| --- | --- |
| "互联网+"天性 | 过去十五年、二十年的互联网发展历程中,更多的是人和人之间的互联。我们在过去几年里不断地谈到的互联网,为各种新的产品呈现这个互联本质。这是互联网的天性 |
| "互联网+"任性 | 意味着个性互联的充分发展。当然,未来的互联网还能迈向智能互联 |
| "互联网+"悟性 | "互联网+"天性等于万物互联,互联网+任性意味着个性互联,互联网+悟性意味着智能互联 |

## ✚ 六大核心商业模式让"互联网+"落地

在 2014 年百度联盟峰会上,百度 CEO 李彦宏表示:"传统 PC 互联网商业模式在移动互联网时代面临挑战,用户数量不决定一切,不重视对移动互联网商业模式的探索,就像开着豪车酒驾,很刺激但也很危险。因此，在移动互联网时代要尽早考虑商业模式。"

商业模式的互联网化是"互联网+"时代的核心，即利用互联网"平等、开放、协作、分享"的精神来颠覆和重构整个商业价值链，目前来看，在"互联网+"时代，以下六大策略可让商业模式落地。

### ■ "互联网+"商业模式之一：工具+社群+商业模式

互联网的发展，促使信息交流越来越紧密和便捷，让越来越多的志同道合的人聚在一起，形成了一个社群。与此同时，互联网将散落在全球各地的用户分散需求聚拢在一个平台上，形成新的共同的需求，并逐渐形成了规模，塑造了重聚的价值。

如今互联网正在催熟新的商业模式即"工具+社群+电商/微商"的混合模式。例如，起初的微信其实是一个社交工具，它通过各自社交属性/工具属性/价值内容的核心功能过滤到海量的目标用户，加入了朋友圈点赞、评论等新的社区功能。后来又添加了微信支付、电影票、手机话费充值、精选商品等商业性的功能。

为什么会出现这种情况？

简而言之，工具就好像一道锐利的刀锋，它能够最大限度地满足用户的痛点需求，用来作为流量的入口，但问题是它无法有效沉淀粉丝用户。社群是一种关系属性，用来沉淀流量；而商业是交易属性，用来变现流量价值。这三个要素看上去是三张独立的皮，但其内在融合的逻辑是一体化的。只要应用得法，就能作为一种"互联网+"落地的商业模式，发挥其功能。

### ■ "互联网+"商业模式之二：免费商业模式

传统企业向互联网转型，必须要深刻理解这个"免费"背后的商业逻辑的精髓到底是什么。小米科技董事长雷军认为：互联网行业从来不打价格战，它们一上来就免费。

"互联网+"时代，不只是物质丰富的时代，也是"信息过剩"的时代，更是一个"注意力稀缺"的时代，怎样在"无限的信息中"获取"有限的注意力"，成为"互联网+"时代的核心问题。

如果有一种商业模式既可以挤垮当前的市场，也可以领导未来的市场，那就是免费的模式。信息时代的精神领袖克里斯·安德森在《免费：商业的未来》中归纳基于核心服务完全免费的商业模式——一是直接交叉补贴；二是第三方市场；三是免费加收费；四是纯免费。

至于什么才是真正的免费，而一旦免费了是否还会赢利亦或免费就有了一切，关于这种种问题我们将在后续章节讨论。

可以肯定的是，注意力稀缺导致众多互联网企业开始想尽办法去争夺注意力资源，而流量是互联网产品最重要的核心，有了流量才能够以此为基础构建自己的商业模式。很多互联网企业都是以好的、免费的产品吸引更多的用户，并将新的产品或服务带给不同的用户，以此为基础，构建新的商业模式。例如，腾讯QQ、360安全卫士等就是这样的。互联网颠覆传统企业的常用做法就是在传统企业用来赚钱的领域实行免费，这样就能彻底把传统企业的客户群带走，将其转化成流量，最后再利用延伸价值链或增值服务来实现盈利。互联网经济就是以吸引大众注意力为基础，去创造价值，然后转化成赢利。

### ■ "互联网+"商业模式之三：平台商业模式

张瑞敏对平台型企业的理解是利用互联网平台，企业可以扩大自己的业务，原因是：

- 这个平台可以让所有的用户参与进来，实现企业和用户之间的零距离。

- 这个平台是开放的，可以整合全球的各种资源。

在互联网时代，用户的需求急速变化，越来越让人难以捉摸。如果凭借企业一己之力，自身所拥有的人力、物力、财力很难快速满足用户的个性化需求，这就要求企业必须打开自边界，建立一个更强大的商业生态圈，试图满足用户更多的个性化需求。因此，平台模式的精髓，在于以最快的速度通过平台汇聚资源，满足用户多元化的个性化需求，打造一个多方共赢互利的生态圈。

对于传统企业而言，最好不要轻易尝试做平台，尤其是中小微企业，不应该一味地做大平台、追求大而全，而是应该发现自身产品或服务的独特性，集中自己的优势资源，瞄住精准的目标用户，发掘出用户的"痛点"，针对用户"痛点"设计出极致产品，围绕产品打造核心用户群，并以此为据点快速打造出"自己的品牌"。

互联网的市场延伸至全国乃至全球，它的世界是无边界的。打造足够大的平台就是平台商业模式的核心，遵循这一模式生产出的产品应更加重视用户体验和产品的闭环设计，从而更为多元化和多样化。

### ■ "互联网+"商业模式之四：O2O 商业模式

腾讯 CEO 马化腾在 2012 年 9 月互联网大会上的演讲中提到："移动互联网的地理位置信息带来了一个崭新的机遇，这个机遇就是 O2O，二维码是线上和线下的关键入口，将后端蕴藏的丰富资源带到前端，O2O 和二维码是移动开发者应该具备的基础能力。" 1 号店联合董事长于刚认为："O2O 的核心价值是充分利用线上与线下渠道各自优势，让顾客实现全渠道购物。线上的价值就是方便、随时随地，并且种类丰富，不受时间、空间和货架的限制。线下的价值在于商品看得见摸得着，且即时可得。"从这个角度看，O2O 更应该把两个渠道的价值和优势结合起来，让用户觉得每个渠道都有价值。

O2O 是 Online To Offline 的英文简称，我们还将在后面的章节中具体分析。

广义的 O2O 就是将互联网思维与传统产业相融合，其模式的核心是基于开放、互动、平等、迭代、共享等互联网思维，利用低成本、高效率的互联网信息技术，改造传统产业链中的低效率环节。在未来，O2O 的发展将打破线上和线下的界限，实现线上线下、虚实之间的深度融合。

狭义来理解 O2O 就是线上交易、线下体验消费的商务模式，主要包括两种场景：

一是线上到线下，用户在线上购买或预订产品或服务，再到线下商户实地体验/享受服务，目前这种类型比较多。

二是线下到线上，用户通过线下实体店体验并选好产品或服务后，然后通过线上下单来购买产品或服务。

### ■ "互联网+"商业模式之五：长尾型商业模式

长尾概念由克里斯·安德森提出，这个概念描述了"媒体行业从面向大量用户销售少数拳头产品，到销售庞大数量的利基产品"的转变。

在这个概念中，所谓"拳头产品"，就是产品中的佼佼者，也比喻企业特有的、别人难以胜过的看家产品。

而"利基"一词是英文"Niche"的音译，意译为"壁龛"，有拾遗补阙或见缝插针的意思。菲利普·科特勒在《营销管理》中给利基下的定义为：利基是更窄地确定某些群体，这是一个小市场并且它的需要没有被服务好，或者说"有获取利益的基础"。

虽然每种利基产品相对而言只产生小额销售量，但利基产品销售总额可以与传统面向大量用户销售少数拳头产品的销售模式媲美。通过 C2B

（Consumer to Business，即消费者到企业，是互联网经济时代新的商业模式）实现大规模个性化定制，核心是"多款少量"。因此长尾模式需要低库存成本和强大的平台，并使得利基产品对于兴趣买家来说容易获得。

### ■ "互联网+"商业模式之六：跨界商业模式

马化腾在企业内部讲话时说："互联网在跨界进入其他领域的时候，思考的都是如何才能够将原来传统行业链条的利益分配模式打破，把原来获取利益最多的一方干掉，这样才能够重新洗牌。反正这块市场原本就没有我的利益，因此让大家都赚钱也无所谓。"

我们所看到的具有新的经营、赢利模式的新的公司，大部分都是基于这样的思维背景下诞生出来的。而身处传统行业的人士在进行互联网转型时，往往舍不得或不愿意放弃依靠信息不对称或垄断带来的既得利益。在这些人眼中，互联网仅仅是一个工具；在这些人头脑中，他们思考的仅仅是如何改善服务水平，怎样提高组织效率，同时希望获得更大利润。这样一来，传统企业在转型过程中就很容易受到资源、过程以及价值观的束缚，难以突破创新。

互联网预言帝凯文·凯利说过："不管你们是做哪个行业的，真正对你们构成最大威胁的对手一定不是现在行业内的对手，而是那些行业之外你看不到的竞争对手。"

互联网公司教父马云也曾经说过一句很任性的话："如果银行不改变，那我们就改变银行。"他在说完这句话之后，余额宝就诞生了，余额宝在推出不到半年规模就接近3000个亿。

再看雕爷，不仅做了牛腩，还做了烤串、煎饼、下午茶，还进军了美甲；小米做了手机，也做了电视、农业，还要做汽车、智能家居。

很多人惊讶，互联网为什么能够如此迅速地颠覆传统行业呢？

互联网颠覆的本质就是利用高效率整合低效率，对传统产业核心要素进行再分配，这也是生产关系的重构，并以此来提升整体系统效率。互联网企业通过减少所有渠道不必要的损耗和中间环节，以及产品从生产到进入用户手中所需要的诸多流程来降低成本、提高效率。

对于互联网企业来说，只要抓住传统行业价值链条当中的低效或高利润环节，利用互联网思维和工具，重新构建商业价值链，就有很大机会获得成功。

## ✚ 大批企业涌入"互联网＋"，赶潮流还是真转型？

"互联网＋"正在成为新一轮资本市场的风口。面对这个风口，很多上市公司都不淡定了，纷纷涌入"互联网＋"市场。

但是，在这场"触网"大潮中，有的公司是赶时髦、凑热闹，顺便拉动股价飙升，有的公司则是真转型，希望能在"风口"飞起来。其实，企业向陌生的行业转型，既没有运营经验，又没有专业的团队，本身就存在很大的风险。

### ■ 赶潮流、真转型皆需谨慎

随着"互联网＋"概念的风起，资本市场转型"互联网＋"的上市公司数不胜数，希望借此"起飞"。站在"互联网＋"的风口，上市公司是赶时髦还是真转型？而如果公司主营业务与"互联网＋"毫不相关，又有多少公司能转型成功？

1. 熊猫烟花

熊猫烟花由于转型过于"用力"又改了公司名字，还遭到上交所的两次问询，引起市场的轩然大波。熊猫烟花发表公告称：拟由熊猫资本投资1亿元设立熊猫网络支付。设立熊猫网络支付能充分发挥公司互联网金融业务各板块之间的整合和协同效应，促使公司主业逐步向互联网金融领域过渡，加速企业全面转型升级，实现企业可持续发展。

实际上，熊猫烟花股票停牌期间已经发布了多项互联网金融转型及布局计划，包括"拟对主营业务进行调整，将陆续对烟花业务相关资产以租售、关停和剥离等方式进行处置"。此外，公司投资1亿元设立熊猫金融信息，投资1亿元设立熊猫众筹，投资2亿元设立熊猫小贷，投资5000万元设立熊猫科技投资有限公司。不得不说，熊猫烟花7天成立4家互联网金融公司的转型力度有些激进。

2. 中科云网

以由湘鄂情转型并改名的中科云网为例，根据其发布的业绩预告修正公告显示：公司预计2014年度亏损5.3亿元至5.9亿元，上年同期亏损5.64亿元。2012年公司债券付息日及回售资金到账日为2015年4月7日，截至4月1日公司通过大股东财务资助、处置资产、回收应收账款等方式已收到偿债资金1.6亿元，尚有2.4亿元未筹集到，资金缺口依然很大。

而面对公司业绩的亏损，债务压身，中科云网的高管也开始"逃离"。中科云网董事会于2015年4月1日收到公司副总裁王钢的辞职报告，王刚先生因个人原因辞去公司副总裁的职务。

■ **客观看待"互联网+"**

不得不说，卖衣服的、卖药的、卖饲料的……都在纷纷涌入"互联网+"，"互联网+"已经侵入各个行业。

但是，既没有运营经验，又没有专业的团队，向完全陌生的行业转型，本身就存在很大的风险，而最后能够成功的并不多。"互联网+"概念是2015年资本家追逐的热点,想借此炒作的公司也不在少数。

纷纷涌入"互联网+"的企业

| 行业 | 企业 | "互联网+"行动 |
| --- | --- | --- |
| 服装业 | 百圆裤业 | 百圆裤业的一项数据报告显示:为推进公司在跨境电商领域的发展战略,公司以自有资金出资1200万元,通过受让股权及增资方式,投资广州百伦贸易有限公司(简称"广州百伦")。投资完成后,公司将持有广州百伦15.3866%的股权 |
| 农业 | 大北农 | 大北农拟通过定增募集不超过22亿元,用于打造农业互联网与金融生态圈 |
| 家电业 | 四川长虹 | CHiQ二代智能电视的发布,打响了2015年四川长虹加速智能化和网络化在产品力提升方面的第一枪,公司表示接下来还将围绕"互联网+",对CHiQ冰箱和空调进行迭代升级 |
| 医疗业 | 乐普医疗 | 2014年底至2015年上半年,A股涉足医药电商乃至布局互联网医疗的上市公司已超过40家。其中既有传统医药企业,也有互联网公司,甚至房地产商都转型做医药电商。仅不到一年,就新增上海医药、乐普医疗、汤臣倍健、丽珠集团等一批"触网"者。乐普医疗作为心脑血管领域的医疗器械传统企业,发布了移动医疗战略,先期上线两款医疗APP,一款聚焦于心脏支架术后服务,一款聚焦于心衰管理,并发布了心衰管理移动医疗产品 |
| 能源业 | 中石化 | 中石化董事长傅成玉公开表示,2015年将全面启动基于互联网的车联网、O2O、互联网金融等六大创新业务,4月将调试运行。公司将实现三个转变,未来发展方式是"研发+制造+服务"。非油业务是金矿,去年实现营业额171亿元增长28%。今年前2月增60%,远超公司预期。同时,积成电子近来频频发力能源互联业务。公司投资1亿元设立积成能源公司,重点投资智慧能源产业、智能微电网及新能源、工业节能和节能服务等领域 |

诸多上市公司在转型或涉足"互联网+"概念后，股价也跟着飞起来。

可见，面对"互联网+"概念，有的公司是真转型，而有的公司很可能只是凑热闹、赶时髦，我们应擦亮双眼、仔细辨别，不要盲目追随和炒作相关概念。

# ✚ "互联网+"时代的三个陷阱

我们在推动并憧憬"互联网+"各种新的可能的时候，也要避免各种战略陷阱，包括一些传统企业推动互联网化以及电子商务时所犯的战略性错误。

## ■ 第1个陷阱——方向

有人说，中国的企业家非常焦虑。中国的企业家在焦虑下的选择，往往容易陷入误区：我的竞争对手去哪，我去哪？我们能让敌人告诉我们应该去哪儿吗？不预见未来，简单复制别人是不行的。我们在不断的优化过程中等待，不能错失良机。有一位非常有影响力的商业思想家阿尔伯特认为：创新最有效的手段就是粗暴和勇敢。大部分企业都不是在方方面面都准备充分的前提下推动"互联网+"的，也是在一边调整、一边推进的过程中做持续的优化。所以，我们不能在等待的过程中错失了机会。

## ■ 第2个陷阱——产品

在过去，我们围绕着极致产品讲"互联网+"创新，必须考虑极致产品。值得一提的是，极致产品不是"互联网+"创新的唯一，而是"互联网+"创新的结果。我们不断地生产出极致产品，一定要有相当的资源准备，例如，我们通常会认为推出的第一代产品会不会是极致产品。因为大部分人都会觉得第一代产品不是很好，所以极致产品的产出需要不断地迭代，这需要你有充分的资源准备。因此，我们做"互联网+"落地战略的时候，不只为极致产品。极致产品是"互联网+"战略的开始，但绝不是全部。

### ■ 第3个陷阱——自主

有人觉得，成功的企业家都是自力更生完成霸业。如今融资成本低，资金更雄厚，我们可以快速执行一个更强的项目。所以，在"互联网+"的时代背景下，要快速给自己的强执行力插上翅膀。

在BAT（互联网公司三大巨头，指百度、阿里巴巴、腾讯）身上都有类似的烙印：

首先，跨界的标杆学习对象。学习跨界的佼佼者们，你要成为他们优秀的学习者，你必须创造性地用"互联网+"模式，用跨界的眼光，才能实现服务升级。

其次，要做你所在行业的第一——这个"行业第一"不只是你们现在所在地区，甚至是全球范围内这个行业的第一。

你很有可能把你同行业还意识不到的互联网工具、"互联网+"魅力利用起来。只要你不断地重复这个过程，就可能会成就第一。如果你在阿里巴巴，京东集团，在我们能够想到的任何一个被公认为优秀的创新公司里面找到这些要素，你就应该追随行业的第一，持续不断地努力，成为我们所希望的那样——改变世界的第一。

# ✚ 结论：养成"互联网+"的思维习惯

面对"互联网+"时代，传统企业应该如何去做呢？

有人说不要再抵触互联网，要接受它。这种说法是正确的，但是，这是远远不够的。企业想要顺利转型就必须要互联网化。互联网化是指企业要将互联网思维作为企业的指导思想，使用互联网的工具，对自己企业进行改革，从而完成自己的转型。

想要互联网化所面对的最大困难就是如何找到互联网思维和习惯。

## ■ 互联网思维的三个特点

特点1：相互联接

互联网的发展将经过三个阶段。

第一阶段，以使用者和电脑为主体，通过网线将其他主体连接在一起，我们称这种连接叫做"有线互联"。有线互联网因为受到网线的限制，使用起来不是很方便。

第二个阶段，以使用者与智能手机为主体，通过无线的网络将其他主体连接在一起。这种连接叫做"移动互联"。只用一部智能手机就能和千里之外的其他主体连接在一起，很明显，这和有线互联相比有了重大进步。同时也产生了一个问题，如今手机似乎成了我们身体的一部分，没有手机在身边很多人会感觉无可适从，不知道该做什么，在这种情况下大多数人都会选择第一时间去取手机。所以移动互联实际上是以手机为中心主体，并没有以人为中心。

在科技发展到最终阶段，手机将成为真正的终端，有前瞻性的企业千万不要忽视这一点。什么是真正的终端？

在美国科幻电影中，你会看到人们如何遥控自己的家：在千里之外，可以遥控冰箱、遥控浴缸、遥控洗衣机、遥控家里的制暖系统。这也是许多电器公司在研发的内容。

第三阶段，在未来，所有的物品都能"互联"，人可以连接物，物品之间也可以相互连接，如果我给你说有一天你家中的冰箱会通知烧烤炉来取肉烧烤，你可千万不要以为我在开玩笑。

未来的连接，将是超越想象的，而跟不上时代的企业，就会被淘汰。

发挥想象力和创造力，是互联网时代的重中之重。

特点2：彼此互动

百度之所以能够做到今天的规模，是因为他所建立的搜索引擎将人和互联网上信息互动问题解决了，所以能够被众人所接收和喜欢。

阿里巴巴能有今天的成就，因为他通过电子商务将人与商品之间的互动问题解决了。

腾讯建立起来的企鹅帝国也是将人与人之间的互动问题解决了，才建立起来如此庞大的企业。

谷歌花费32亿美元收购了一家做温控器的公司，因为谷歌意识到了温控器解决了人和空调之间互动的问题，这其中有巨大的发展空间，所以才会花重金收购。当你装了智能温控器之后，空调就会自动识别是否有人在房间中，自动启动，并且调整到最合适的温度，根据每天不同的时间段所使用的模式也不相同，当人离开房间之后空调就会自动关闭。

特点3：网罗一切

互联网的第三个特征是网罗一切：云计算、终端和大数据都为此而提供服务。

在1834年电力革命初期，如果你想要用电，那么你必须自己建立一个发电站。现在的人对当时的情况可能很难理解，但在那个时代就是这样。一个企业如果想要用电，就必须单独设立一个部门带领一帮人去管理自己的发电站，以此来保证自己企业的用电。

直到后来高压传输的技术出现，改变了这一状况。高压电力传输将电力输送的成本大大降低，同时也将传输的效率大大提高，从而逐渐形成了如今电力供应的模式。由发电厂去集中发电，通过电力传送网络将电力输送到用户家中，如今当你想要使用电力时只要打开开关就可以了。

我们今天所面对的信息就如同电力革命时期的电力一样，现在当我们需要信息时还要使用硬盘，U盘，服务器等设备来储存。未来信息的发展必然是如同电力一样，将所有的信息集中到一个地方，当我们需要的时候只需通过网络将信息取出来就可以，这样的存储降低成本，也更加方便了我们的使用。如今我们称这种模式为"云计算"。

将"网络终端"遍布网络各个角落，通过无线网络将这些终端连接到信息中心，将信息的读取和存储变得非常容易，使用者可以随时掌握信息情况，找到自己想要的信息，这种网络我们称之为"大数据"。

我们将云计算、大数据和网络终端三者结合在一起，这就是未来社会的网络模型。

互联网可以用三个词来概括：互动，互联，网络。未来互联网的发展方向，就是将全社会变成一个能无限地互动联接的网络世界。我们一直在说的互联网思维就是根据互联网本质而产生的思维方式。

■ **转型成互联网思维的企业**

过去的企业更多的是被看成机器，人们用运作机器的方法来运作企业，来设计企业的方方面面。

机器的特征是：需要人来操纵（领导者和管理者）；需要维护——在

自己的生命周期内，保持不变化的工作模式，可是时代变化了，机器固然有它的优点：简单——按照模式去做就可以；高效——固有的模式和结构具备的是经过考验的效率；好用——在我们知道企业的方向和市场的需求的情况下，指导机器去运作往往能获得不错的效果。

但是，机器式的企业已经不再适合这个时代：就像机器也是需要更新换代的，当时代变了，新技术到来时，旧机器往往就会跟着淘汰。

如果不想你的"机器"被踢出局，企业就需要转型，跟上时代的节奏，重新适应市场和客户的需求——过去我们的做法是再造一台新机器，现在，应顺应时代，使企业变成会学习的具备互联网思维的企业。具体可以这样做：

1. 用户参与

企业和用户之间的关系实际上是平等的关系。在真正的互联网时代中，作为用户的定义不仅仅是购买和使用产品，用户还可以参与到产品的研发和制造的环节中去。小米手机的研发并不只是小米公司的成员，热衷于小米手机的粉丝也积极地参与了进来。一个企业生产出来的产品，不仅是为了推销给用户，还要满足用户的喜好。在这种环境下"用户是上帝"的说法已经过时了，用户已经成为企业的朋友。因为成了朋友，所以企业和用户之间是相互平等、彼此依赖的关系。

2. 持续学习

企业有两个永恒的老师，其一是顾客，其二是时代。

不要再把利润当成自己的老师（过去的企业就是这么做的，每周开会时候只关心财务和业绩）。转型学习型的企业，首先要跟上时代，了解客户的需要。

如果领导者不知道客户的需求是什么，可以建立调查计划，也可以直接从自己的一线员工那里找到客户需求的蛛丝马迹，因为一线员工往往听到最多的抱怨和需要。

客户会不断地进步，他们总是跟上时代步伐，但是，如果企业做不到这点，就会被客户所抛弃。

当客户习惯了用淘宝购买商品，如果你的公司不提供，那么客户就会感到不满意。

如果客户喜欢和企业在微博上互动，把自己购买的产品发到微博上并@企业，期待得到企业的回复时，如果你的企业无动于衷，那么客户就会去找那些能够真心回应他们的企业（再也没有比这时企业更像一个真正的活人的时候了）。

如果客户习惯了在其他领域，企业就要提供全套完善的服务，而你的企业做不到时，客户就会心存不满，直到你的行业里有能满足客户需求的企业出现。

3. 全局眼光

一些企业面临挑战：随着技术和市场的变化，产品的周期越来越短，那么企业面临的不仅是生产部门的技术创新，还面临着培训、研发、人力、营销部门的变革和变化，需要全面地进行调整。

## 认知 2
## "互联网+"商业模式落地，企业才有无限可能

### ✚ 惠普公司的"互联网+"落地方式

对于不少传统企业来说，马上要做的不是制定互联网转型战略，而是"拿来主义"，用新型工具改变自己，让模式落地，先从提高效率、提高精准度入手。

#### ■ 1. 大数据云服务平台落地

以惠普公司为例，它与重庆政府合作搭建了汽车大数据云服务平台，通过云计算和大数据技术，聚合产业上下游信息，打造汽车大数据开放和共享体系。云服务平台推动产业信息开放，打破行业垄断壁垒，在保证消费者权益的基础上，推动产业流程优化。同时，汽车云还可以为车主提供"互联网+车生活"全面服务。利用云平台为汽车产业链条打造大数据开放与共享体系，可以汽车后服市场为发力点，打破传统产业壁垒，推动产

业结构优化,释放汽车产业市场活力。

### 2. 文化产业落地

在文化产业云方面,惠普服务于好莱坞梦工厂的渲染架构和运营能力带到重庆,与合作伙伴共同打造龙渲云平台,堪称文化产业云中成功的落地应用。该平台支持大规模数字化媒体制作,提供制作、渲染、转码等媒体制作一站式服务。使用者可有效节省成本,完成影视级大规模媒体制作。

### 3. 合作落地

同时,惠普还与园区进行了合作,在杭州北部软件园建立和打造智慧园区云服务平台。在园区,以前都是每一家公司拥有和管理自己的硬件和软件的数据中心,通过惠普的云服务,转变为通过共享设施,为园区企业提供虚拟化计算资源,提供差异化服务,通过智慧化建设来实现转型升级。

除此之外,惠普还推出了在政务云,帮助政府实现服务性政府的转型。以某市政府合作为例,惠普云通过以数据(即服务的云计算技术)为支撑,建设集中、统一的政务信息资源数据服务支撑平台,可为百姓提供综合信息服务。从顶层设计、底层搭建等环节逐步地开展政务综合服务体系建设,为政务工作的公开便捷打下了良好的基础。

这不就是"互联网+"的一种落地方式吗?

## ✚ 从工具切入,企业转型更接"地气"

惠普"产业云"分为引领产业升级和加速服务创新两个维度。作为首批已经落地的云应用，惠普已经推出汽车产业云、农业产业云、旅游产业云、园区云、文化产业云、医疗健康云、能源产业云、教育产业云共八种产业升级云，在服务创新领域，惠普推出了政务云、电信云、金融云、游戏开发云、移动应用云、桌面云、大数据云和开发测试云等八种服务创新云。这十六朵"云"，是惠普根据实际落地第一批推出的项目，从某种程度上说，也是中国传统企业"互联网+"的落地工具。

事实上，这已经不仅仅是一个工具，惠普云涉及被服务对象的各个流程。使用这些工具不仅是一个改良的过程，而是以惠普云工具为契机的一次全流程再造的过程。这种以优化为目的，其实涉及的是用户体验变革的工具使用，对于企业来说，是更加实用和安全的转型。

站在惠普的角度，这是公司推出的新型云计算、大数据产品，但是对于很多传统行业来说，这是以工具为切入点的内部革命。

比如惠普的"农业产业云"，包括苏宁、京东、阿里等在内的电商正在打造农村电商，惠普的"农业产业云"堪称入门级工具。包括城市食品质量追溯系统，惠普的"农业产业云"都有用武之地，可以帮助相关政策落地。通过"农业产业云"，汇聚农业交易、生产数据，涵盖购买、物流、质量、产量、金融等上百种关联性数据，构成产地和流通的农业大数据机制，拉动上下游衍生及周边产业，形成全产业链的农业与科技融合的全生态产业聚集区。通过建立规范、公开、高效的第三方数据交易云平台，提供交易、信息、质检、仓储、运输、保险、结算等数据增值服务；通过打造商品市场诚信体系，从流通领域入手调整产、运、销、需各方利益，降低产品交易成本，减少流通环节，加快产业发展。

# ✚ 拥抱"互联网＋"的三个转型层次

传统工业化的生产方式不会在短时间内被彻底淘汰，但因它不代表未来的发展方向，转型势在必行。拥抱"互联网＋"有以下三个转型层次。

### ■ 第一个层次：产品成为"有机生命体"

保罗·格雷厄姆曾在《黑客与画家》中提到，产品开发有两种模式：一种是圣母玛利亚模式，企业内部团队封闭开发，花 N 年时间，努力把所有可能性都想到，然后召开发布会，隆重登场，就像圣母驾着祥云而来；另一种是互联网企业中常见的迭代开发模式，即先推出一个用户最需要的功能，然后根据用户反馈不断完善。后者是以用户需求为中心的互联网思维的体现。互联网时代的企业应将产品视为一个"有机生命体"，产品拥有自己的生长过程，其生长动力来自用户的需求。

### ■ 第二个层次：传播渠道不再垄断

传统企业要推出一个新的产品，往往会搞大规模的发布会、找公关、约记者、打广告，试图通过控制媒体达到宣传的目的。然而在"互联网＋"时代，以单向大规模传播为特征的传统媒体业成为最先受到冲击的行业之一；媒体产品天然可以实现数字化；人人都可以进行内容生产；牌照垄断失去意义，免费的传播渠道越来越多。传统媒体垄断被打破，新闻发布会等工业时代的传播方式将逐渐失效，基于自媒体的口碑传播将取而代之。

### ■ 第三个层次：组织形态充满无限可能

传统企业的多层级管理有时反而会增加沟通等成本和摩擦，还会带来用户反馈机制不够灵活等各种问题。加里·哈默尔等管理学者曾经展望过去中心、无层级等未来组织的种种可能。平等、开放、协作原本就是"互联网+"的题中之意，许多激进的企业已经初步以"无组织的组织"这一实际行动证明了"互联网+"新组织形式的有效性。

## ✚ "互联网+"落地的五个关键

正确应用"互联网+"的落地模式，要把握好五个关键：无界、精益、媒体化、专注、协作。

### ■ 关键1. 无界——专业与人文，理性与感性的交汇

张小龙曾说，产品经理要成为一个文艺青年。实现这一点并不容易，因为理性向来会对人性形成制约。如今企业在技术手段等方面的能力日益接近，竞争力反而更多来自对人性的发掘与体悟。稻盛和夫曾说，真理的"布"是由一根根线编织出来的，把各种事物的现象单纯化，会越来越接近其原始的面貌，也就是接近真理。但我们往往想得过于复杂，反而越来越难以接近原初的东西。比如，我们在看到一棵树时，脑子中会首先反映出书中描述的树的形状构成，而只有把理性的东西抽离，回到我们最初看到树时一刹那的感受，才可能发生更具突破性的创新，就像打坐参禅的乔布斯设计出了出色的苹果。

互联网思维本质上是一种感性主导的思维。互联网时代的企业需要将感性和理性两种思维模式打通融合，更好地满足用户的功能需求与情感需求。在产品研发、制造等阶段，企业仍需要严谨的理性思维和逻辑思维，但从把握用户痛点的角度来看，企业又必须借助感性的力量洞察人性。

■ 关键2. 精益——推进迭代，趋于完备

精益与前面所说的产品自生长相关，是指基于用户的需求不断对产品加以完善。小米手机每周都有四五十个BUG（漏洞）要修改，且这些BUG多是由MIUI论坛等地方的用户帮忙提出的；微信在推出后一年内迭代开发44次；51信用卡也是精益思想的卓越体现，2012年4月底创业团队才有了产品的初步想法，五个人封闭开发十五天后，第一个版本的产品就已经上线，在此基础上不断迭代更新，使之越来越符合用户的需求。

■ 关键3. 媒体化——有爱就有传播

用互联网思维打造的产品天然具有媒体属性，因为它们基本具备两个特点：一是极致的产品体验；二是强烈的情感诉求。

Roseonly是中国知名的高端鲜花店。为什么Roseonly会传播？尽管有噱头成分，但它的玫瑰花确实是从厄瓜多尔进口的，产品做到了极致。"有爱"也是企业或产品赢得用户口碑传播的关键。企业只有将麻烦与风险留给自己，才能让用户尖叫，让用户情不自禁地爱上你并为你传播。小米手机、野兽派、南食召、黄太吉煎饼、雕爷牛腩等都是充分发挥了产品自传播特性的案例。

甘其食是杭州知名的包子连锁店，包子本身其实与巴比馒头等并无根本区别。虽然它在肉多少克、皮几个褶、用哪块腿肉等方面有更为精细的设定，但其最根本的优势在于"有爱"。无论是当天包子没卖完就会处理掉，十二秒内完成交易减少用户等候时间，还是为员工提供宿舍、烧饭阿姨、定制床铺等细节，都是如此。而这一点经口碑传播并被不断放大后，与其他品牌的差异就会越来越大，很多事情就会变得不一样。互联网时代最有效的传播方式即口碑传播，其最大特点就是无法强制。无论是微博还是微信，打动用户后产生的自愿传播成为最佳形式。

■ **关键4. 专注——毕其功于一役，做到极致**

简单地说，专注（即集中力量）攻打一个点，将其做到极致，给用户留下深刻印象。专注并非简单地指企业要专注于某一个领域，比如只做房地产、只做办公软件、只做营销，而是要找到更加聚焦的点，将有限的人力、物力、财力投入其中寻求突破，而其他方面可以做得不如别人，甚至不做。例如，京东一直在砸重金自建物流体系，它所能提供的优质配送服务体验就是那个极为有力的点。为此，京东推出了一系列以配送快为卖点的漫画广告，虽然不无夸张，甚至暗讽马云，但天猫对此束手无策。

■ **关键5. 协作——传统组织的变形与再造**

协作关乎利用互联网思维进行组织变革。新时代背景下，为了降低组织内部的沟通成本，实现快速的市场反馈，充分发挥员工的能动性，企业需要尝试建立一种以平等、开放、去层级为特点的组织。比如传统企业一般会有门面和前台，但现在很多互联网化的公司已经没有前台，等级森严的层级体系被打破，不少软件企业的CEO甚至没有自己的独立办公室，他们跟大家一起坐在工位上。总经理、副总经理之类的职位、称呼被创始人制、合伙人制渐渐取代。

在这方面，小米手机已经为有心转型的企业树立了榜样：在芯片、制造等环节难以突破的背景下，小米不惜花100万元征集一张壁纸；采用互联网销售的方式，砍掉一般占毛利润40%的传统渠道花费，只为抓住MIUI（小米手机操作系统）这一与用户直接发生联系的关键点大力提升用户体验。营销方面则充分利用粉丝文化开展口碑传播，由此创造了高利润的快速增长传奇。想想看，如果当初小米采用的是传统工业化的生产方式，先生产再寻找用户，我们可能早已将它遗忘。

对于传统企业而言，向"互联网+"转型艰难但必要；对于新创企业来说，不妨用"互联网+"思维去改造诸多亟待转型的传统行业。

# ✚ 成功经验是传统企业转型的最大障碍

随着"互联网+"概念的普及，眼下"互联网思维"俨然已成为企业界的热门词汇。互联网是 20 世纪的产物，为何直至近两年人们才开始热衷于谈论"互联网思维"？

《连线》杂志创始主编 Kevin Kelly（凯文·凯利）曾说："一个社会的变革总是由新的技术来推动的，技术在工具层面可以马上引发变化，但其影响真正进入社会层面却十分滞后，往往需要几十年乃至上百年的时间。"互联网在 20 世纪 90 年代风头渐起，电子商务一时风靡，网络营销为人乐道，但人们对其的认识始终停留在工具层面。2015 年"互联网+"作为思维方式的象征进入大众视野，其影响力开始真正触动整个社会。究竟什么是"互联网+"思维？对于一家企业来说，"互联网+"思维又意味着什么呢？

### ■ 现状：目前社会已趋于"割裂"状态

我们在报纸、电视等传统媒体上经常看到金融危机、中小企业倒闭破产、老板跑路等报道，但在互联网企业的圈子中却极少听到类似消息。这是两个割裂的世界，它们循着不同的轨道各自运行。

传统经济世界的人是否能够进入新的互联网经济世界呢？

可能性当然有，但过程会非常痛苦。

当下，包括互联网创业者在内的许多人其实都不是互联网世界的"原住民"，都要努力学习新的思维方式，而这并非易事。"看不见——看不起——看不懂——来不及"是马云对人们面对新商机时所做出反应的经典总结。尤其对于传统企业家来说，曾经的成功经验更是会成为其向互联网思维转型的最大障碍。

■ 思考：从思维的高度拥抱"互联网＋"

试图转型的企业必须抛弃简单将互联网当工具的做法，从思维的高度拥抱"互联网＋"，否则很难有理想的结果。

美特斯邦威搞过"邦购网"，许多传统企业都曾试图做网上商城，投入极大，但几乎无人成功，因为梧桐树长不出玫瑰花。可见，面对互联网的冲击，传统企业若是"体"不变，即原来的生产、销售、管理方式等不变，只是将互联网或移动互联网嫁接进企业，开个微信、建个网站将毫无用处。

## ✚ 结论：看懂"互联网＋"的风往哪里吹

对于传统行业而言，如何让企业更透明，如何整合产业链让利益分配更均等至关重要。这恰恰是"互联网＋"要解决的问题。

清华大学网络行为研究教授杨斌认为，用互联网工具加上依托其上的产业链创新，实际完成的是"互联网＋"，把渠道扁平化，把价值链的环节做了压缩，没有必要从国代一步步到零售终端，应当实现从厂家直接到零售终端，中间环节减少了，角色更清晰，任务更明确，利益分配也就更容易了。

但互联网与传统行业融合之路注定不会一帆风顺。由于自身业务转型、商业模式惯性以及知识人才缺乏，传统企业要想成功互联网化还有待时间的检验。

那么，"互联网+"现阶段比较青睐于哪些传统行业？"互联网+"的风将吹向哪里？

"互联网+"在消费行业方兴未艾，如生活服务业、生产资料B2B领域以及农牧业等。未来，"互联网+服务"、"互联网+生产"将会越来越广泛应用于企业和工农牧等行业中。

随着"互联网+"被上升为国家意志，"大众创业，万众创新"大潮也将来临。在未来，竞争将不仅存在于互联网行业与传统行业和互联网行业之间，甚至传统行业之间也将会面临着跨界竞争和融合。与此同时，传统产业也将迎来一场全面的再造与新生。

# 下 篇
# "互联网+"落地的六大核心商业模式

现代管理学之父,彼得·德鲁克说过:"当今企业之间的竞争,不是产品之间的竞争,而是商业模式之间的竞争。"百度CEO李彦宏也表示,不重视对商业模式的思考,好比开着豪车酒驾,既刺激又危险。对传统企业而言,"互联网+"时代最核心的竞争力就是商业模式落地——即利用"互联网+"的精神和资源,重构和颠覆传统企业的商业价值链,目前来看主要可分为以下六大商业模式。

# 模式 1
# "工具 + 社群"商业模式：
# 工具解决痛点，社群沉淀流量

## ✚ "互联网 +"的三张皮：内容 + 社群 + 商业

互联网的商业模式中有三个层次：最底层以产品为中心，中间层以平台为中心，而最高层是以社区为中心——这样就会出现社群商业：内容 + 社群 + 商业！

内容是媒体属性，用来做流量的入口；

社群是关系属性，用来沉淀流量；

商业是交易属性，用来变现流量价值。

用户因为好的产品、内容、工具而聚合，然后通过社群来沉淀，因为参与式的互动、共同的价值观和兴趣形成社群而留存，最后有了深度联结的用户，用定制化 C2B，用交易来满足需求，水到渠成。商业社群生态的根本价值，是实现社群中的消费者对不同层次的价值满足。

### ■ 第一张皮：内容——一切产业皆媒体

移动互联网的出现，使得人与人之间的协作效率大大提高，同时也使得信息的生产和传播效率大大提高。在人人都是媒体的一种社会化关系网络中，内容即广告，优质的内容是非常容易产生传播效应的。

一切产业皆媒体，"目光所及之处，金钱必然追随"。企业所有的经营行为本身就是符号和媒体，从产品的研发、设计环节开始，到生产、包装、物流运输，再到渠道终端的陈列和销售环节，每一个环节都在跟消费者和潜在消费者进行接触并传播着品牌信息，包括产品本身，都是流量的入口，一切都是媒体。

对小米来讲，小米的所有产品都是媒体。对可口可乐来讲，每一瓶的包装也是媒体。企业媒体化已经成为必然趋势，企业需要的是培养自己的媒体属性。很多企业为此开始进驻各个碎片化的社会化媒介渠道，管理者也纷纷上阵经营起自媒体。这是好事，但很多人误解培养媒介属性，把媒介作为简单的信息发布渠道，却未深思"媒体也要产品化"——冰冷的类广告灌输、自我夸夸其谈已不再有效。

媒体即产品，将媒介传播本身视为一个需耐心打磨的产品，激发参与感，构建社群才是获得口碑引爆的关键。再简单点说，新媒体格局与传统媒体的根本不同在于认同。在新媒体格局下，唯有认同才能产生价值。没有认同，用传统媒体的方式，饱和轰炸、喊破嗓门，都是白搭。

### ■ 第二张皮：社群——一切关系皆渠道

互联网出现之前，品牌厂商或者零售商需要通过不断地扩展门店来尽可能地接触目标消费人群，互联网的出现，打破了空间限制，使得人们可以足不出户就买到各种各样的商品。这样的商业现象就意味着一种商业逻辑的更迭——由抢占"空间资源"转换为抢占"时间资源"。

时间资源即用户的关注度，当用户大规模向移动互联网、社交网络迁移的时候，品牌商和零售商也要逐渐转移自己的阵地。传统的实体渠道逐渐失效，取而代之的是线上的关系网络，这种关系网络更多地体现在微博、微信、论坛这样的可以互相影响的社会化网络。

小米手机通过小米社区和线上线下的活动，聚合了大量的手机发烧友群体，这些"米粉"通过这个社会化网络源源不断地给小米手机的产品迭代提供建议，同时又在不断地帮助小米做口碑传播，这群人就是小米的粉丝社群。

今天讲社群，特指互联网社群。这是一群被商业产品满足需求的消费者，以兴趣和相同价值观集结起来的固定群组。它的组成是"臭味相投"的消费者，它的特质是：去中心化、兴趣化，并且具有中心固定边缘分散的特性。

### ■ 第三张皮：商业——一切环节皆体验

社群的背后不单是粉丝和兴趣，还承载了非常复杂的商业生态。究其根本的原因，就是人的社会化的必然性。只是说现在我们关注的社群生态是基于商业和产品的，以互联网为载体跨时间和地域扩散。商业社群生态的根本价值，是实现社群中的消费者对不同层次的价值满足。

举一个比较容易懂的例子，我们以前只要有个房子就行了，但是竞争凸显，使得开发商想了一个妙招，卖房子之外还送你读小学的资格，家里的院子里还有各类的商铺，有会所供你平时休闲娱乐，出远门还带个保姆帮你看房，通过这些来增加你买房和住房的附加值。慢慢地，这样形成了一种生态系统，形成了一个生活和商业业态的闭环。

这样的生态模式逐渐发展完善，为消费者提供多维度的服务，就变成了一个完善的商业体系。当下十分热门的"智慧社区"，就是基于这样的商业逻辑。万科、龙湖、远洋等地产商和物业管理公司，都在利用互联网的玩法去改造传统物业，建立以住宅区居民为核心的商业生态，从而颠覆传统的物业管理商业模式，其本质也是一种社群商业模式。

社群商业是一个具有增量思维的"微生态"，生态系统天然多赢。在社群商业模式之下，内容如同一道锐利的刀锋，它能够吸引研究和满足用户的基础需求，切开一条入口，但它无法有效沉淀粉丝用户，社群就成了沉淀用户的必需品，而商业化变现则是衍生盈利点的有效方式。

三者看上去是"三张皮"，但内在融合的商业逻辑是一体化的。未来的商业，是基于人而非基于产品，是基于社群而非基于厂商。社群商业本质就是用户为主导、数据驱动的C2B商业形态，才刚刚开始而已。

## ✚ 每个品牌都要有属于自己的"社群"吗

每个品牌都要有自己的社群吗？一定是的！

这个问题的要点在于，并不是所有的用户都可以成为社群成员的。星巴克有3300万粉丝，这些粉丝之间围绕某一个店或某一个具体的纲领可以形成不同的社群，但这3300万人不是一个大的社群。

工业社会的逻辑是规模化，做饮料就要做可口可乐，把一罐汽水卖到全世界，因为规模才能产生效能，这是工业的基本规律。但未来商业的增长方式会出现变化。

工业社会在未来十年内就会全面终结，只不过很多人意识不到这种摧毁性的力量正在地平面上崛起。未来的竞争不是同行竞争，而是跨界混搭穿越竞争。为什么小米毛利那么高？因为它把传统包袱全扔了，不需要渠道铺货，不需要给渠道商回款，不需要设维修网点，通过互联网把交易成本拉到最低，让做了十几年手机的老牌企业目瞪口呆。

《罗辑思维》的实质是基于互联网的社群。社群关键不在于有多少人，而在于影响力度有多大。如果《逻辑思维》现在放开招，招十万人没问题，但是问题在于愿不愿意。尚处于探索阶段的社团，如果玩不好，小群体的成本还低一点。

■ **社群经济的三个要素**

1. 极致的产品＋用心的宣传

企业如何建立自己的社群？两句话：以求道的精神做产品，用求爱的方式做传播。怎么讲？产品不极致，什么都是虚的。

罗振宇要不是他的有料有货有态度，不可能有这么大的影响力；星巴克要不是把咖啡做到这么极致，就是妄谈粉丝经济；同样，黄太吉的煎饼、雕爷的牛腩要是产品或体验不极致，就都只是借助互联网高效传播形成的一场炒作；罗永浩的锤子手机要是产品出来后，没有两把刷子也都长不了。

把产品和体验做到极致还不够，你还得学会传播。很多人天然地反感传播，把会传播当成是投机取巧，总是抱着酒香不怕巷子深的态度，等着别人来发现你。不要说在大众媒体时代这种观念是错误的，就是在移动互联网时代，就连生存的机会都没有。

移动互联网正带来另外一个新的巨大的机会，我们把它称为"社交红利时代"。在这个时代，谁懂得社交，懂得传播，就能够掌握商业的先机。移动互联网时代的商业一个很重要的特性是"市场即对话"，就是我们必须说人话。

2. 不玩粉丝经济，只挑对的人

粉丝经济就是社群经济吗？显然不是的。任何品牌都要有自己的粉丝，但如果仅仅停留在粉丝这个层面，无非是把以前的忠实用户换了个新名词而已。"无粉丝不品牌"，这句话没错，但反过来，哪一个品牌没有自己的粉丝呢？

所以，永远不要提粉丝这个词。只说用户，会员，朋友，伙伴，没有粉丝。因为粉丝就是中心化，对偶像的崇拜。

只有当你的客户变成用户，用户变成粉丝，粉丝变成朋友的时候，才算得上是社群。用社群的方法挑对的人，然后"期待"产生奇妙的结果。

在互联网冲击下，许多大组织都在飘摇，身处其中的人该用一种什么样的姿态来立身呢？就是利用现在的组织给你提供的资源，做一件让整个市场都看见的事，完成个人在原组织中的崛起，这也是对你现任老板最负责的做法。

3. 社群的价值在于运营

现在的世界充满了不确定性。各种因素随机组合，机遇、勤奋、忍耐、关系链，恰好配对了，一朵花就开了。此外没有任何标准能够确定谁成谁败，所以重复创业者反而吃香，因为他经历过反复失败，解除了很多不确定性。

有几个因素似乎更容易组合出"成功配方"。见下表：

**"成功配方"的几个要素**

| 要素 | 分析 |
| --- | --- |
| 小 | 只做点，不再试图做线和面。很多大组织都在考虑如何利用互联网转型，转型的第一件事是先把自己做小，小到人格或者一个人格体，因此在未来世界做自己是唯一的选择，也就是魅力人格体。<br>魅力人格体对社群的意义，相当于就是舍基协同三原则里面的共同纲领。不管是个人还是一个公众号，都会在不知不觉中形成了自己的态度和主张，这个态度和主张就是魅力人格体。粉丝因为认同才会聚集在一起 |

续表

| 要素 | 分析 |
|---|---|
| 连接 | 你判断未来互联网的生意就看他是阻碍了连接还是促进了连接,谁阻碍连接就没有前途,谁促进连接就将拥有一切。比如说 Google Glass 就是个好产品,因为它让人随时随地保持在线 |
| 形成社群 | 社群的价值在于运营,一群人聚集起来之后可能是乌合之众,也可能做成大事,最重要的是干什么。明确知道把这群人聚起来要干什么,比如做基金、做风投,甚至可能去做互联网金融。不能光把人聚一块就完了,是打麻将还是下象棋,取决于决策者 |

## ✚ 移动互联网时代的社群商业

新媒体的本质就是社群。它可以帮创业者融到一切东西:包括钱、包括品牌、包括初始用户、包括传播渠道,就是任何人的一点可以商业化的禀赋都应该可以通过类交易所机制完全释放出来,这种"类交易所"模式,就是社群商业的一种体现。

2014年5月17日,中国商业界最大的新闻不是"世界电信日",而是互联网知识社群第一品牌《罗辑思维》的创办者分手。罗振宇、申音各奔东西,相忘于江湖。

2012年12月21日,传说中的世界末日,知名传媒人罗振宇、NTA传播创始人申音、资深互联网人吴声合作,打造了知识型视频脱口秀《罗辑思维》。三人分工是:罗振宇是产品和品牌的核心,申音负责日常运营服务,吴声出任总策划。

一年内,它由一款互联网视频栏目,逐渐延伸为最先锋的中国互联网知识社群品牌。活动、出书、会员"罗利"、社群征婚、霸王餐、头采茶、

C2B 订制等风风火火，一系列创新玩法让行业内外目瞪口呆。

自 2014 年首次试水付费会员制，在 6 个小时内罗振宇便从粉丝的口袋中"捞"出了 160 万，在第二次会员招募中募集 800 万元也仅仅用了一天。VC 圈对《罗辑思维》的估值上限已达到 1 亿元。

罗振宇说过，新媒体的本质就是社群，未来《罗辑思维》有可能会形成一个"类交易所"机制，它可以帮创业者融到一切东西：包括钱、品牌、初始用户、传播渠道，就是任何人的一点可以商业化的禀赋都应该可以通过类交易所机制完整释放出来。这种"类交易所"模式，就是社群商业的一种体现。

### ■ 移动互联网时代的商业图景

1. 经济特征：规模经济到范围经济

百年工业史背后隐藏的是同样的产业逻辑："标准化"、"规模化"和"流水线"。而今天，随着互联网特别是社交网络的发展，传统工业时代似乎正在离我们远去。未来经济与社会组织将不再是凝固僵化的"矩阵式"形态，而呈现为互联网社群支持下、个性张扬的"网状"模式。这种转变是革命性的。

在规模经济时代，规模越大越经济，品种越少越好（标准化和流水线的需要）；未来这个规律很可能将是倒过来的——谁能尽可能地满足长尾末端的需求，谁在未来的盈利能力就越强，互联网经济是一种长尾经济、范围经济，所以社群、粉丝自限规模，这是未来商业的自觉。工业时代过去了，规模逻辑结束了，社群逻辑就重启了，而所谓的跨社群营销也将显得没有意义，因为你不需要别人懂你，就像苹果粉丝不用解释，需要解释就不是苹果粉丝一样。企业如果不自限范围，形成品种开发的多样可能，就没有自己的核心粉丝社群。有人说，互联网时代的品牌玩的就是一种

"榴莲精神"——喜欢的会爱到骨髓，不喜欢的会完全无感。人们根据品牌偏好会形成不同的小圈子，不同的社群。

2. 商业逻辑：产品售卖到用户运营

互联网出现之前的商业形态，人们购物就必须到线下的门店中去，人需要围绕着门店、围绕着物开展活动；而互联网出现之后，人们不再需要到线下门店就可以完成购物，电商平台、厂商和物流商都在围绕着用户需求进行活动。我们的商业由"物围绕着人转"进化到"人围绕着物转"，这有力地佐证了我们经常提到的观点：未来的商业基于人，而非基于产品。

索尼公司的创始人出井伸之解释索尼衰落的根本原因时，说了一段发人深省的话："新一代基于互联网 DNA 企业的核心能力在于利用新模式和新技术更加贴近消费者、深刻理解需求、高效分析信息并做出预判。所有传统的产品公司都只能沦为这种新型用户平台级公司的附庸，其衰落不是管理能扭转的。"

为什么小米公司是一个互联网公司？它和传统的手机厂商有什么区别？互联网公司有典型的一个商业模式叫做"羊毛出在狗身上"，往往不直接通过销售产品赚钱，而把产品当作聚合用户的一个入口，在与用户不断的交互中为用户创造持续的价值，从而获得收益。对小米公司而言，手机只是一个聚合用户的入口而已，它并不是单纯地销售产品，而是在运营用户。这就是粉丝经济背后的一个本质区别。

3. 消费行为：被动接受到主动参与

社群经济就是一种用户主导的 C2B 商业形态。品牌与消费者的关系逐渐由单向的价值传递过渡到双向的价值协同，互动即传播。雷军为什么强调小米成功的秘密在于"兜售参与感"？为什么"兜售参与感"就能够获得成功？社群经济之下的品牌，是用户主导的口碑品牌，而不是厂商主导的广告品牌，互联网时代的品牌，就是一个个用户评价的产物，是一次次互动中完成的体验。

这个时代的品牌打造方式，一定是让用户参与到产品创新和品牌传播的环节中，"消费者即生产者"。尤其是80后、90后的年轻消费群体，他们更加希望参与到产品的研发和设计环节，希望产品能够体现自己的独特性。作为品牌厂商，就必须要注意到这种消费行为的变迁。

## ✚ 信息越多越易被吸引的数字社群

数字化社群，就是通过数字化信息将管理、服务的提供者与每个住户实现有机连接的社区。这种数字化的网络系统，使社会化信息提供者、社区的管理者与住户之间可以实时地进行各种形式的信息交互。

当我们都挤在网络上时，这种遵循规则的特性就变得尤为明显，不过这种习惯鲜有人指明。例如，在遇到某人后，我们会在Google上搜索他们的名字；在我们购买某件商品或服务之前，总会去看看其他人的相关评论。最重要的是，很多人都会忍不住同他人分享自己的经历。网上的信息越多，我们就越是容易被吸引。

对于品牌而言，人类的这种可预见性意味着什么呢？这意味着我们需要知道什么样的东西能吸引人——是否有趣、舒适、安全、功能独特，或具有其他能打动我们的特定消费者的品质，然后将此类品质融入品牌和消费者的关系中去。如此一来，在消费者遵循他们的简单规则时，他们就能根据我们设定好的方向聚集到一起来了。

■ **数字社群的弊端**

万事有利也有弊：和吸引消费者一样，赶跑消费者也用不着太长的时间。数字社群会迅速抛弃某些品牌，就如同鱼群在发现捕食者之后迅速逃逸一样。这就是为什么有一些品牌会遭到灭顶之灾的原因。例如，许多大公司的倒闭几乎都是从销量陡降开始的。随着人们之间的联系日趋紧密，我也深刻地感受到我们迫切地需要更加关注我们品牌的一些微渐的变化了。

如果有哪个倒霉蛋曾不小心闯到了那些会蜇人的昆虫的窝，那么他肯定会对群居生物快速、一致的反应深有体会。更重要的是，它们还可以迅速改变它们的状态。

我想对这两种观点进行扩展说明：人类不但改变了自身的状态，而且随着Web2.0和社交网络的到来，人类也越来越强调速度了。我们曾经的生活只是坐在电视机前看电视，社交的范围也非常狭小。今天，我们在自己的MySpace主页或博客上与他人分享信息，然后这些人又会将信息传播给他们圈子里的人。例如，如果我们要帮客户发布一段病毒视频，以此向消费者进行宣传的话，我们就只需花传统广告费用极小的一部分，就能吸引上百万人，甚至更多的受众群。因此，通过较小的投入和较快的反应速度，数字社群在行为上已完全看不到传统营销思维的影子了。

■ 社群营销

通过这些规则，我们学到了哪些营销知识呢？当人类聚成一群时，他们的反应方式就很有规律可言了，而且，我们人与人之间的数字联系越紧密，那么我们的行为方式就越像动物群体和人类的军队，所以尽管数字社交网络加速了我们群体的反应速度，但我们的行为所体现的不是技术的进步，而是一种对原始本性的回归。

1. 站在社群的立场上考虑问题

进一步来说，为了有效地向社群进行营销，我们就要更多地站在社群的立场上考虑问题。我们就得弄清楚，社群是如何遵守规则、发展出集体智慧、受外界影响、对细微的变化进行灵敏的反应、迅速作出选择以及快速行动的。这意味着，或许科学知识和未来的广告身上都有同样多的东西值得我们学习。最关键的是，这意味着我们必须将消费者社群看做是一个整体，而不只是一个由个体消费者所组成的集合。

2. 对细微变化越来越敏感

在做营销时，我们有时会幻想能改变大众都遵循的习惯，幻想如果我们设计出一个完美的广告或活动，消费者就会对我们的品牌趋之若鹜。但现实是：我们只是众多声音中的一个，不管我们喊得有多大声，我们还是无法消除其他声音对消费者的影响。

在我们变成数字社群的同时，我们也对一些小的变化越来越敏感了，尤其是当这些变化十分明显的时候。例如，一段病毒式视频或博客日志能像野火一样迅速烧遍整个社群，一个新产品的相关评论也会在一夜之间全都冒出来。

令人欣慰的是，在这样一个社群营销的时代，商家并不需要制造太多的网络蜂鸣效应，人们就会纷纷投入你品牌的怀抱了。就拿苹果公司的iPod来说，几乎在一夜之间，iPod就占领了便携式音乐播放器的半壁江山，并且使我们购买音乐的方式发生了根本性的变革。时至今日，人们收藏的音乐，都储存在一个能塞进口袋里的设备上。

## ✚ 社群的整体效应

在世界上的大多数城市里，不同组织在不同时期会建造出不同的独立建筑，这些建筑最后便像一组马赛克，拼出了我们所在城市的景象。这些建筑中，有一些很与众不同，例如巴黎的埃菲尔铁塔，而其他的建筑则混在一起，连成了一片广阔的天地，例如像东京或曼哈顿这样的大都市。但是单凭一个人的力量，是无法决定这些城市景观的模样的。这就是整体效应，这个整体的力量要远远大于它组成部分的力量。

■ **整体的力量**

从蚁群或"蚁冢"身上，我们可以看到整体的力量。"蚁冢"便是由这些自然中的社会网络齐心协力地搭建起来的。在人类历史中，你还可以从参与式民主中看到这种整体概念的影子。200多年前，当美国建国的时候，没有人能决定版权法或公共卫生项目的具体条款会是怎样，但是通过创建一个政府系统，他们便可自由行使自己的投票权来搭建所有这些社会框架。

1. 整体效应的精髓

整体效应的精髓在于，当你放任一个由独立个体所组成的社群自由发展时，相应的社会框架就会出现。当你创建一个特定类型的政府时，社会和法律系统就会相应的产生。如果你创建了因特网、电子商务、维基百科等组织就会像雨后春笋一般涌现出来，并在我们的生活中生根发芽。在Web2.0的时代，如果人们的连接力被激发出来的时候，那么在我们的世界里，一个人的声音就会被迅速地放大，并传播到人群的各个角落。以后我们就会在这样一个全新的、不断变化的环境中生活、工作。

互联网时代的飞速发展就是整体功能性的一个绝佳例证。仅仅10余年时间，电子商务、社交网络等就已经勾勒出了互联网的"天际线"。互联网在我们的生活、工作和娱乐中都起着核心作用。正是这种网络的高连接性和发展速度才使得我们的行为更加有组织，更像一个整体。

2. 整体效应的利弊

凡事皆有利弊，整体效应对动物或人类来说，亦是如此。在动物世界里，整体效应可能意味着弱肉强食或灭顶之灾。在当今数字社会里，整体效应的后果可能就是人们被各种不请自来的信息淹没。例如，在互联网早期，许多商家为了推销他们的产品或提高他们的网站在搜索结果上的排名，不惜随意散播垃圾邮件，烦扰各类在线社群。很快，这些垃圾邮件没有任何可读性了，而有用的信息则可能湮没于成千上万的闲杂邮件之中。

但是，这些情况也让我们得出了一个更重要的结论：互联社会群体的集体智慧能适应不同的变化，并随之进化成更高的智慧。今天，绝大多数的消息平台都添加了防卫功能，能将那些垃圾消息自动挡在门外。而在建设网络社区的过程中使用的这种"验证机制"，也最终极大程度地奠定了社会网络基础。

而现在，在我们的世界里出现了一种促进网络交流的社会组织，这种组织则随之慢慢变成了一种网络群体。这种群体像因特网一样，由世界各国的成员组成；又像消息平台一样，丰富多彩，能吸纳众多爱好者。这个群体在新千年的头 10 年里有了迅猛的发展，在随后的 10 年中也一定会再创辉煌。

## ✚ 细分社群：打入消费者内部

当一群人走向音乐厅或商场的时候，我们有几种有效的方法可以追踪他们。你当然没法直接问他们每个人的社交生活或个人喜好，但是在博客或社交网络的世界里，人们会主动让他们自己加入到不同年龄层的团体中去。因此数字社群在网上的活动就成了一种我们可以掌握的、非常有用的信息资源了。因为通过细分这些社群信息，我们就可以知道他们想要什么以及如何打动他们了。

他们想要的第一件事就是能免于传统营销手段的骚扰。社交网络想要看到的东西是那些他们感兴趣的、有意思的和能打动他们的东西，而不只是简简单单的一个产品广告。

同时，掌握了这些社交网络的活动信息，我们就能化腐朽为神奇，将广告和营销从"钝器"变成非常强大的"激光利器"。通过传统媒介，你能接触到各种年龄层的人。例如星期六一大早坐在电视机前看卡通的观众肯定大部分都是小孩子。在数字社群时代，你可以通过他们自己的博客和社交网络，接触到世界某一特定地方、有着特定需求的特定社群。

数字社群的网络活动也为调查研究提供了丰富的资源。有学者就利用社交网站来分析社会类型、危机应对机制等。

而这种潮流同时也引发了个人隐私之类的问题。例如，当有人把他的兴趣爱好公布在某个社交网站上时，他是否同意让他的信息成为别人的数据呢？由于在私人数据使用方面，人们并没有达成什么共识，而且每个人都认为在 MySpace 上开一个主页并不意味着我就愿意接受那些营销者发来的垃圾信息。不过这些集合数据对我们来说确实是一座金矿，因为它能告诉我们消费者想要什么以及如何才能最好地满足消费者。

这种潮流还改变了我们衡量事物的标准。这几年，评价一个网络营销是否有效的标准也发生了巨大的变化：以前只是简单考察网站的点击量，如今则更注重品牌互动的效应了。这也说明我们的关注重点从"投资回报率"转向了"参与回报率"。"参与回报率"是指我们让消费者体验我们的东西，为我们的品牌创造需求。因此，要想不被忽略，最好的方法就是尽量地创造有趣的东西来吸引消费者。

在这样一个以数字社群的反应为标准来衡量我们营销成果的时代，我们还有许多功课要做。

### 1. 分析消费者的声音

在数字时代，消费者与他们的品牌之间每天都会进行无数次的对话。他们会向我们询问信息，给我们反馈以及寻求我们的服务。渐渐地，他们也开始参与我们的产品创造，帮助我们改进产品和服务的质量。

那么，面对消费者反馈的信息与日俱增，你该如何去倾听呢？人们逐渐开始采用正式的分析法来分析消费者的声音，同时人们还在采取人工互动的方式，从消费社群的各种声音中提炼出可行的建议。

### 2. 网络标准（online metrics）

大多数人所谓的"网络标准"（online metrics）其实只是网络时代的泛大众营销标准。当然，我并不是说点击率、博客浏览量订阅量等不重要，它们都是衡量某种影响力大小的标准，但是对我来说，有多少人点击了网页上的横幅广告与有多少人收看了一则电视广告之间并无太大区别。说到底，你还是在衡量一则促销信息到底吸引了多少眼球。

### 3. 有效沟通

要同社群进行有效的沟通，可不仅仅是与消费者接触一下那么简单的。你希望有人能赞美一下你的产品，还希望其他人在他们的世界里活动时也能听到这些好的评价。你更希望人们能主动将你的消息传播到你的广告所未覆盖到的地方去，但对我来说，在社群营销中，影响面同反应度一样至关重要。

### 4. 速度、数量、规模

我们总是在关注数量和规模，但我们真正应该关心的是速度。消息在社交网络中的传播速度可以反映这条消息的吸引力，传播消息速度的快慢会决定你的品牌和消费社群之间的关系。因此，这点才是我们工作的重中之重。

这些都意味着我们的工作重心必须进行关键性的转变：我们得从死命打广告转变到建立消费社群上面去。我们都希望人们能购买我们的产品和服务，而车身广告和博客顶头广告都能有效地实现这种愿望，但是在数字互联时代，我们不得不抛弃过去那种反复销售产品的理念，转而思考如何能创建属于我们自己的消费社群，使他们能拥护我们的产品、迅速发展壮大，并且使我们的品牌成为他们生活的一部分。

## ✚ 吸引社群的三种能力

### ■ 第一种能力——信服力

1. Amazon.com

Amazon.com 简直是一个超级网络大市场，里面什么都卖，不管是 DVD 碟片还是洗碗机。它在 20 世纪 90 年代中期成立时只是一个网络书店，但现在，它已经是世界上许多国家网民购物的首选网站之一了。不过它其实只是虚拟世界中许多个商店的其中一个而已。有很多网站的商品价格都比 Amazon.com 要低，但是为什么很多人即便是将 Amazon.com 的价格同许多其他商店的价格进行对比后，还是愿意在 Amazon.com 购物呢？

原因在于 Amazon.com 有品牌身份。在建站之初，它打出的口号是"世界上最大的书店"。今天，随着它发展成一个大至家具小至牙膏都卖的全球市场，它的口号也变成了"……一切尽搞定"。不管是何种口号，它给人的感觉都是一个能在网络上实现一站式购物的地方。

Amazon.com 从一开始就是一个以网站为基础的公司。它也是以其品牌形象吸引消费者的典型代表。很多人在访问Amazon.com的时候其实什么都没有买，他们只是在浏览商品、阅读和撰写评论，为这个集体智慧增加信息，而一旦当他们想要买什么的时候，这种黏性（stickiness）就会驱使他们直接在Amazon.com上购买了。

但讽刺的是，Amazon在经营其品牌身份的时候，并不像其他同等规模的公司那样拥有华丽的形象，也没有什么实体店之类的东西；它从不在传统媒体上做广告；它甚至在众目睽睽之下一直拒绝开通免费客服热线，但是它的客户满意度却出奇的高。

它的品牌形象使得消费者即便是在面对网上无数的购买选择时，仍能对它保持忠诚。Amazon的目的是打造一个人们可以购买（然后出售）几乎任何商品，并能够自由讨论的虚拟社区。正是秉承此种理念，才使得Amazon不会被那些本来在现实中开店后来才打入网络市场的书店所影响，而且Amazon也不惧怕人们能轻松地在网上搜索到价格比它更便宜的书店。因此，吸引人们去Amazon.com购物的不只是因为它货架上最新DVD或图书的价格，最主要的是它的品牌形象。

2. 苹果公司的iPod

苹果并不是第一个生产便携式个人音乐播放器的公司，它也不是第一个让个人音乐播放器拥有电影播放、游戏和其他功能的公司，但是iPod家族时尚、优雅的设计和它即插即用的简单操作不仅吸引了人们的目光，还给了苹果重生的机会：在此之前，它的口号"不同凡响"只对电脑行业里的小众消费者有吸引力。

iPod的成功并不在于缺乏竞争者。其他的MP3厂商尽其所能地提供了许多其他的功能，例如录音、内置调频收音机等。有的厂家甚至瞄准了iPod后面的核心商业模式：他们没有像苹果那样推出iTunes在线音乐购买的服务，而是推出了一些更便宜的音乐订阅服务，可以让用户尽情地往他们的播放器中添加歌曲。

但是为什么 iPod 还能继续笑傲市场呢？音乐播放器市场起步这个关键时刻起了决定性作用。苹果的产品以其易用性和符合人体工学特征闻名于世，iPod 也是如此。最开始的时候，很多厂商的 MP3 总是需要一大堆只有电脑狂才会喜欢的驱动和配置附件才能使用，但是 iPod 只需插上电脑就可以工作了。就算你是在某个荒岛上第一次看到 iPod，你也可以凭直觉进行音乐和视频播放。如今，这样的设备已经层出不穷了，既有拇指大小的微型音乐播放器，也有无线功能强大的 iPhone 手机。

在 iPod 的开发历程中，苹果以具有创新意识的人为中心开创了一个社群市场，而创新也是苹果这个品牌最伟大的特质。苹果甚至允许开发人员去大胆地试验，甚至是失败，因此这个公司又一次成了人们日常生活中不可或缺的前沿科技解决方案的代表。如今，苹果的产品和精神已经根植在消费者的习惯和行为之中。而在这个发展过程中，苹果则创造了一个规模惊人、数量庞大的品牌拥趸社群。

### ■ 提升信服力的方式

1. 将品牌形象同社群联系起来

为什么即使是人们都知道两款车其实都一样，但还是有人愿意多花钱选择大品牌而放弃另一个呢？其原因就在于，你的品牌信息所传递的信念能影响大众消费的方向。个体在作出购买抉择时，他们在这个选择过程中都会遵循不同层面的简单规则：

从事实出发：也就是说，社群中的这个人和其他人与这个品牌有过什么样的接触与了解？

认知层面：即人们希望其他人将他们与什么样的品牌联系起来？

综合层面：这一层不仅包含了品牌意识，也包含了社群意识。不管一个人对某一特定品牌的感觉如何，他/她所在社群对该品牌的看法都会左右他/她所期望的东西，例如某件商品的转手价。

这就是创造品牌信服力以及吸引社群的核心之所在。在广泛的大众人群中，所有的宣传都是以个人为中心的。媒体向你灌输各种营销信息，而你要么作出回应，要么选择忽视。但在集群社群中，我们都能敏锐地意识到其他人的所想、所感，因此他人的想法常常会影响我们的判断，最终使我们的观点与其他人一样。这就意味着我们的广告再也不能只是描述我们能给消费者带来什么样的好处，而是要将我们的广告变成一种品牌身份的标志，以便社会团体能以我们的品牌为中心聚拢过来。

2. 将信服力落到实处，打造全球品牌

每个人都知道，或至少后来都知道，树立品牌信服力是打造全球品牌的必然条件之一。在现在这样一个社交网络的时代，人与人之间并不是在地理位置上靠得近，而是在虚拟空间里靠得近，因此这一点就尤为重要了。

一个成功的品牌总是包含着一些特殊的品质。它可能是一个吸引人的想法、一个迷人的品牌广告或一个伟大的产品。那么现在，或许最大的变化在于我们的广告不应该只针对个人，而是应该面向全球。只有这样，我们的广告才能碰触到那些被网络联系在一起的消费者的心。在一个成功的品牌迈向全球的时候，它始终都蕴含着某些品质：认知度、一致性、情感性、独特性和适应性，等等。下面就看看如何把这些品质转化到你的品牌上去。

- 认知度

表现优异的品牌在消费者和意见领袖中享有很高的知名度。这些品牌在大多数人心中都有着一致的形象，尽管有的人并不在这些品牌的消费群中。例如宝马，不管是汽车狂热爱好者、评论家，还是忠实的顾客，都对它大加赞赏，极力追捧。它已经成了设计和工程技术方面的突出代表，同时，如果有谁拥有它，那就说明他已经达到了某种个人和专业上的高度。这种认知度让人们的认知和事实得到了结合，也使得品牌能迅速地在新市场中树立起信誉度来。

- 一致性

一流品牌的品牌身份在它们周围人和世界的眼中都保持着视觉上、语言上、听觉上和触觉上的高度一致性。它们会通过齐心协力的全球营销工作为它们的消费者打造一致的客户体验。麦当劳就是一个很好的例子：它简化了它的核心理念和功能，在全球范围内传播一致的信息。这并不是说其他公司不能因地制宜，我想强调的是，任何麦当劳的消费社群都知道他们能从这个品牌中得到什么。

- 情感性

我们早前讲过要在你的品牌和消费者之间建立情感上的联系，但是对我来说，这还远远不够。从最基本的角度来讲，如果一个品牌不去同其他品牌争夺消费者的话，那么它就不能被称之为品牌。它必须让人们感觉到它能实现它所许下的诺言，而且它所能实现的也是人们所期望的东西。

利用感情，品牌就能融入人的价值和梦想之中去，进而吸引消费者。而人的这种价值和梦想是没有文化差异的。就拿耐克来说，无论运动员的体能是好是坏，耐克对他们都极具吸引力，因此也让耐克能抓住这样一个庞大而又特定的市场。这使得人们对耐克的讨论不再局限于鞋子或衣服的实际性能，而是将目光更多地放在了消费者穿着耐克装备运动时的感觉方面。

- 独特性

伟大的品牌代表着伟大的理念。这些品牌对所有内部和外部的观众来说都代表着一种独特的地位。它们会有效地利用各种传播手段在市场中树立它们的地位。消费群体很清楚 Facebook、苹果公司或美国西南航空公司代表着什么，而这些公司的营销则会不断地增强这种信息。

- 适应性

国际性品牌必须尊重来自世界各地的需求、愿望和喜好。这些品牌一方面能适应当地的市场环境，另一方面还能完成它们的国际目标。例如汇丰银行，香港上海汇丰银行有限公司的总部设在英国，它一方面忠于自身的特色，另一方面又凭着对当地风俗和习惯的深入了解，更好地为当地提供卓越的金融服务。从根本上说，它就是在发挥它全球本土化（glocal）的优势。

### 第二种能力——协作力

自人类文明诞生起，人类就学会了组建圈子。数个世纪以来，我们一直都喜欢聚集在某个地方分享信息、联络感情。例如英国的酒馆、美国的城镇广场和中国的茶馆。在那个时候，我们的社交圈就是我们的小社群，但进入20世纪后，随着电、郊区和大众媒体的诞生，社会开始慢慢变成了一个大的泛社群。在20世纪60年代的情景喜剧里，我们经常可以看到一家子人枯待在屋里，或与隔壁邻居打卡纳斯塔（一种用两副纸牌玩的纸牌戏）的情景。结果，我们不再与人们一起寻求娱乐和脑力激荡，而只是围坐在电视机前看电视了。

也就是在那个时候，泛大众营销开始初现雏形。我们现代广告业起源于第二次世界大战后的大众传媒时期，那时人们都是围坐在电视机前收看这些媒体频道，被动地等待媒体告诉他们该做什么、该买什么。当DDB，也就是Doyle Dane Bembach广告公司在1949年成立的时候，我们的业务很快就壮大了起来，而我们的创始人也一直叮嘱我们说："不要再对消费者说教了，同他们交流，看看他们到底需要什么。"

如今，我们半个世纪以前的观点正在实现：我们正在回归到以前通过与消费者交流的结果来制订营销方案的时代，只不过这次面对的消费者社群是一个全球性的概念，而且我们的行动要更加迅速而已。尤其是年轻的一代，他们尤爱聚集在社交网站和其他虚拟聚集地。例如，在欧洲，最活跃的社交网络用户占总人数的20%，这些人每天都会花1/5的时间在这些网站上转悠。我们的虚拟"酒吧"的规模也越发壮大，紧密、真实地存在于我们的生活中了。

我们又一次成了一个通力协作的社群，而这个社群的成员则遍布世界的各个角落。People2.0这一代的人不会只是盯住一个频道等着看你的广告，他们会通过不断丰富的频道网络与其他人进行互动。总而言之，他们也会接触到同样的影响点，并以一个社群的形式作出回应。

这就是说，你的品牌也需要同群体进行协作，这样他们才会选择你的品牌。以前，商家在创造出产品和服务后，会同我们这样的广告人进行沟通，希望我们能帮他们设计广告。如今，你的消费者也希望在广告中体现他们的意愿，而且还想要给你更多的改进意见。

仔细观察一下市场上的主导品牌，你会发现它们已经抛弃了产品营销的策略，转而开始与品牌社群进行互动了。现在，消费者可以决定戴尔下一条产品线上的电脑会装什么样的系统。如果麦当劳要开一家新的餐馆，那么它一定会把社群的反馈意见融合进餐厅架构里去。有的公司则更进一层，比如耐克正在现实世界里将虚拟社区上的运动者们联系到一起来。

营销不可能孤立地进行，也不能停留在单向交流的形式上。今天的营销，必须参与到消费者关于你的产品、服务和营销手段的讨论中去。而营销本身也必须成为一种协作的过程，进而从这种社群的集体智慧中寻求灵感。泛大众消费者只需要一种单向的关系，但社群则要求一种互动的交流。

品牌与社群之间的协作性可以从多个层面体现出来。

体现品牌与社群之间的协作性的三个层次

| 层次 | 表现 |
| --- | --- |
| 第一层次 | 你可以去了解和倾听社群的集体智慧，看能有什么样的收获 |
| 第二层次 | 这种协作性有可能会成为你商业模式的核心部分，即消费者能直接决定品牌的活动 |
| 第三层次 | 你可以成为一个将这些社群联系起来的中间人。最后，作为这种协作关系中的利益相关人，消费者能成为品牌与社群对话的重要组成部分，而且他们的作用也要远比你认为的大得多 |

■ 提升协作力的方式——与你的内部社群进行合作

我们习惯了以自上而下的方式来创造和增强品牌身份，因此任何转变对我们来说都是痛苦的。可一旦你决定要汇聚所有社群——你的消费者社群和你的内部员工社群的力量时，你就会收获如泉涌般丰富的创意了。例如强势品牌耐克和麦当劳就是这样不断地进行自我改造的，但是这种合作环境现在已经不再简简单单的只是一件好事了：在这个数字互联的世界里，你别无选择。

我们最大的驱动力源于那些有着共同想法的消费者所创造出来的集体力量。当你为你的品牌培养一个社群时，你会改变他们的世界观、他们对你的产品和对他们自己的看法，并在此过程中激发出人们对你的不断需求。

以前，我们广告人总是希望通过创意和市场调查的方式来激发这种需求，而且我们在这方面做得依然很成功，但是时过境迁，我们的消费者不再是过去那种缩在卧室里的独立消费者了，而是一大群由数字连接的社群。在这个全球互联的世界里，只有不断地在虚拟和现实社群中创造影响力，你才能发动群众去消费。

这并不是说我们要完全抛弃传统的营销手段。我们是需听消费者的意见，但很多时候我们也必须关注市场情报和我们竞争者的情况。例如，麦当劳发现人们喝咖啡的方式发生了转变：它发现人们更多地开始去星巴克这种咖啡馆买拿铁喝，而不是来麦当劳买一杯既便宜又可口的美国咖啡。

鉴于麦当劳在环太平洋地区开设 McCafe 的成功先例，现在麦当劳已经开始在美国的其他麦当劳店内开设 McCafe 饮料中心了。这些店中店都是由经过特殊训练的热诚员工服务的，他们可以提供意式浓缩拿铁、摩卡、卡布奇诺、果汁刨冰和奶昔，这种转变极大程度地增加了麦当劳的收益，而这一点则正是麦当劳所期望的。

是不是那些麦当劳的消费者启发了麦当劳开始卖美味咖啡的呢？可能是，也可能不是。或许这些消费者还是会继续开心地吃汉堡包和开心乐园餐。通过研究其他的消费社群，麦当劳找到了新的扩张方法，而这种方法可能永远都不会从一个意见箱里找到。

同时，我们不要局限在那些传统的营销理念上，例如关注品牌持续性、市场份额等，而是要开始考虑从消费者需求的三种层面上去与消费者沟通，即倾听消费社群、与消费社群展开协作并同消费社群建立亲密的关系。我们虚拟世界已经开始这么做了，而且有些做得非常不错，在我看来，我们在真实世界里也必须马上跟上。这也意味着我们必须不断地变换我们的营销渠道和模式，以此来吸引这些社群。那么，我们就要把我们的目光从单个消费者身上扩大到社群身上，开始思考我们与消费者在社群层面上互动的方法。我们现在所处的时代，是一个将创造、吸引和培养消费社群作为终极营销工具的时代。

### ■ 第三种能力——创造力

尽管数字社群本身的驱动力来自这个互联网数字时代，但是它们早就成为一种超越技术层面的现象。无需社交网络、第三方影响者或人们的交流传播，它们自己就会自觉地进行选择。例如，当有些东西开始挤进搜索引擎的搜索结果前列时，一旦有人搜索相类似的东西，人们就会看到它的信息，而且这种协作性还会通过更多的东西体现出来。

我们应该换一种角度来思考如何以数字社群为中心进行营销变革，而创意则应该成为变革的核心与关键。

虽然创意一直是广告和营销的核心，但是在这个全年无休的全球互联时代，创意的性质也要与时俱进。

对数字社群进行营销是否意味着要想方设法地开拓更好的网络、病毒和社交网络渠道去贩卖我们的产品呢？不是！不要错以为在某人的MySpace上登个横幅广告就意味着你是在创建数字品牌社群了。人们对他们看到的横幅广告感兴趣并点击浏览的做法同人们看到一个好的电视广告然后决定购买的做法并无二致，可能只是速度快一些而已，但如果你希望这则广告能让他的朋友、朋友的朋友都喜欢你的品牌的话，你可能需要重新考虑一下你的战略了。

将来，要想社群营销有效果，就得建立值得信赖的品牌关系。例如，弗雷斯特研究公司的一份报告指出："营销者要同用户建立一个私人的关系，就得向用户提供有价值的东西，这一点营销者得做好准备。"但我们已经进入了一个新的"互联网＋"时代，在这个时代里，打动这个社群的关键是产品内容，而不是推销员与客户的关系。

举个例子，假设你的工作是创造一些能为人们的生活增添价值的信息。李·欧登曾在他的博客中提到过一个他称之为"社交网络的货币"的东西。他说他通常都会忽视传统公关或广告的优点，当他拿到一份他真心喜欢的报告时，例如一份最近的搜索引擎优化报告，他就会把这份报告散播给他的社群：他会将它收藏在某个网摘上，发邮件给朋友并刊登在他的博客上，这时，数字社群的集体本性就起到了决定性作用。你们不妨去社交书签网站上看看在用户心中什么比较重要；去看看人们都在浏览谁的博客；上搜索引擎搜搜；看排名在最前面的都是谁。你会发现一些对人们有特定用途的内容。

这就是下一场营销革命的方向：将营销思路从推销产品转向改善生活。以前的营销人以谁最能让你印象深刻为成功标准，而下一代的营销人衡量他们工作的标准则是看他们能给你帮多少忙。反过来，这也会激发出一些我们所见过的最有创意的想法。

# ✚ 吸引社群的三个落地途径

消费者对广告的态度是很被动的。参加一场比赛也不意味着他们积极了多少，但是当消费者可以在线与他人比赛熟悉的游戏，还有机会赢取实实在在的钱时，他们就变得十分踊跃了。很快，人们就开始各自设计战略。他们既相互交流，又相互竞争，目的都是吸引社群。

### ■ 第一个途径：找准影响者

在以前，想要赢取奥斯卡的方法通常是发行一部既叫好又叫座的电影。例如电影《泰坦尼克号》，这部影片获得了史上最高的票房成绩——有近20亿美元进账，同时也获得了"奥斯卡最佳影片"奖。许多年来，最高奥斯卡奖的逻辑大多数情况下都是遵从泛大众营销的思想，即影片制作越大越好。

如今，电影营销的方向已经转向了寻找影响者上面。有些时候，那些有望获得奥斯卡奖的影片会选择在年底的时候小范围上映，其主要的目标观众就是影评家，目的在于让他们发表影评，并制造蜂鸣效应，最终获得奥斯卡评审的投票。

### ■ 第二个途径：针对所有人营销

在泛大众营销时代，当我们说到影响者时，通常会想到那些大牌公众发言人，例如媒体人物、明星和专业评论家。在"互联网+"时代，权力博主和网络记者也可以跻身其列。但是现在，我们研究如何吸引数字社群消费者时，我们发现我和你越来越像是影响者的目标观众了。

在社会媒体的世界里，你甚至都不用去知道那些影响者是谁，或亲自去联系他们。例如，很多人都允许像Google这样的公司在他们的博客上放广告，然后从中获取收入；而现在，还有许多公司可以让你根据博客内容来有针对性地投放广告，例如BuzzLogic公司的广告服务。在这些情况下，社群自己就成了社群影响力的源泉，并能选择自己喜爱的广告方式。

这对我来说是新数字时代影响力的灵魂之所在：影响力不再是来自上层社会，而是来自消费者自己了。此时，我们广告的受众应该从以前的泛大众消费者转变成如今的集体影响者，也就是能带领鱼群的领头鱼。市场的权力已经从国王和皇帝们手中转移到了大众消费者的手中，同理，对互联消费者的影响力转移也会改变我们的营销理念。

在数字互联时代，大众消费者的影响力无非两种：要么鼓动别人快速认可你的品牌，要么煽动别人否定你的品牌。如果你有一个十分优秀的品牌，而有人抱怨了一下某次糟糕的经历，那么人们通常会置之不理；如果你不相信，那么有时间可以上Google搜搜，看大众对友好品牌和敌对品牌的态度有什么不同。但是如果你的品牌形象极具争议性，那么只需一个声音就可以造成势不可挡的影响，直击你的要害。

这就是泛大众营销和数字社群之间的联系。打造强势品牌的艰巨任务非但不会消失，反而会越发重要。消费者看重品牌影响力，而且当消费者从其他人那儿听到关于品牌的评价时，他们会把自身的经验和认识与之联系起来。

### ■ 第三个途径：寻找吸引点

几十年来，广告的策划思路都是寻找能让个体消费者喜欢你的品牌的因素。不管是宣传产品的好处、性能、感情，还是举办比赛或其他市场活动，我们大多数的工作都是针对的你——这个大众消费者中的一员。显然，我们一向很看重口碑，即便是在以前我们得骑着马满镇子散布消息的时代也是如此，但是我们的终端产品却多数是一种与消费者之间的私人单向对话。

现在，游戏规则不同了。在病毒式营销的时代，我们更多地开始思考如何让人们向他人提起某个品牌。而今天，我们则必须了解什么样的东西能吸引那些对社群有影响力的人。这些人包括那些给朋友转发邮件的人、写博客的人、在网站上为产品评分的人，简而言之，就是所有人。

那么，什么样的东西才是新的吸引点呢？我认为我们现在需要关注的吸引点有如下几个。

1. 亲密感

为什么人们喜欢看博客或混迹于社交网络呢？他们并不只是想看看他人的观点或听听别人的音乐，"互联网+"的过人之处就在于它能将人们相互连接起来。

从某种程度上说，社交网络要比现实生活更适合人与人之间的联系。在现实生活中，一条街上你能走进去的地方不多，你也不能随便加入一个陌生人群，然后与他们交谈，但是看看现在吧，人们可以在别人的博客上留言并与其他访客交流，还可以在《第二人生》里与人们组成社交网络。

随着网友开始在真实生活中相互来往,这种在虚拟网络上发展出来的亲密感也会蔓延到现实世界里来。

我们之前提到过要朝建设品牌社群的方向发展,而吸引这些社群的"诱惧"就是将人们联系起来的工具。作为广告人,我预感大部分能吸引消费者的广告都将会包含一些能让人们互相联系的因素。

我觉得我们才刚刚开始在虚拟社群内搭建亲密的伙伴关系。例如,之前提到的DDB公司的一个分支机构最近参加了一个客户简报会,讨论的就是如何在现实生活中利用你的无线电话与陌生社交网络进行联系。如果我泄露太多,他们会杀了我的,但是请关注相关动向,因为我坚信,与未来的互联水平相比,现在的简直不值一提。

2. 新鲜感

回想一下你最近一次发东西给其他人的情形。你为什么这么做?我猜你们大多数人都会说是因为这个东西很有趣,或很独特,所以你想与其他人分享。

当然,用新鲜感吸引社群的首要条件是这个东西必须得很新鲜。你肯定没法在第二年用另一个带"哔哔"屏蔽音的广告吸引同样的消费者。但是总的来说,那些能让人与其同龄人融为一体的东西总是可以很好地吸引消费者的,例如幽默、用开玩笑的方式讲真话,甚至是轻微的轰动效应等。

3. 愉悦感

为什么现在人们愿意花那么多的时间在网上?一部分原因就是只需轻点鼠标,就可以享受到网上的很多感官刺激,例如音乐、视频、游戏、美食食谱,等等。如果你仔细研究因特网的历史,尤其是"互联网+"的历史,你就会发现因特网的发展很多都是由人们对娱乐和享受的追求所推动的。

拿着令人愉悦的东西在人们面前晃来晃去的目的并不只是要吸引人们购买什么东西,还要吸引人们加入你的社群。

所有的这些吸引因素都有着一个很大的共同点:它们都反映了人们的基本需求,但更重要的是它们能鼓励人们作出相应的反应,并影响剩下的人。这表明广告已经发生了根本性的变化,即以前是一个"我"对广告产生反应,而现在则是"我们"对广告作出回应,并号召其他人跟随我们的脚步。

综上所述,营销和广告的最高目的是掌握人类的本性,然后利用这种理解与人们互动并吸引消费者。换句话说,一切以吸引消费者为中心。今天,这个世界的联系越是紧密,这些道理便越是显得正确。

## ✚ 结论:最好的改变方式是参与变化

通过个人的努力可以实现许多伟大的事情,但现在科学家和思想领袖们都清楚地知道,从民主参与到互联网,我们这个时代真正能改变生活的点子都是集体智慧的结晶。多年前,当人们编写出互联网协议的时候,没人能想象竟有人会创造出像 eBay、Facebook 或电子商务这样的东西;同理,当美国的国父们最初起草美国宪法时,他们也无法决定以后的社会安全系统或版权法是什么模样。这些东西都是由许许多多的人慢慢创造出来的。值得一提的是,在这些伟大的创造中,每一个创造都凝聚了无数小群体的智慧,这些伟大的智慧最终贯穿并改变了整个美国的历史进程。这也使我们对消费者的观点发生了变化,不管他们是在消费我们的产品还是概念。

举个例子,十年前,人们开始关注病毒营销或蜂鸣营销。又例如,

"六度分隔理论"是一个大家非常熟悉的理论，人们常常将它用在各种隐喻之中。这个理论讲的是，我们只需通过六个或更少的人就可以认识世界上所有的人，但更重要的是，我们还能了解人们是如何影响一群人，以及这群人是如何反过来通过相互的联系，迅速地影响整个人脉网络的。随着社交网络和因特网的不断发展，这种"消费者病毒传播论"在人们心中也愈发根深蒂固，而且它还改变了人与人之间的互动方式，以及我们评价、购买产品的方法。

现在，我们观察世界的角度更加宽广，也不再仅仅局限于病毒理论了。除了真实病毒和虚拟病毒都具有传染性以外，我们发现还有一些对整个市场影响更大、更重要的因素，其原理同鸟群在本能的驱使下灵巧地飞离枝头是一个道理。以前我们只能利用人们用咬耳朵的方式来制造蜂鸣效应，而现在我们已经有能力改变整个社群的行为了。当你看到人们突然开始穿起最时髦的服装，或组织社会运动来支持环保时，你就知道我们的能力所在了。如今，在这样一个充斥着病毒式传播现象的社会网络里，人们的生活形态已经上升到了一个更高的层次。而在这个过程中，人们自己也变成了新媒体。

从最近的社交网络、Web2.0和影响者营销等趋势上，我也能看到类似的现象。这些都是影响社交网络的重要实现工具，但它们也仅仅只是工具而已。同社群进行沟通时可能会用到它们，也可能一个都用不到，但是同社群沟通却是这些趋势背后的大方向所在。因此，如果你想让你的品牌形象深入人心，如果你想在Facebook上打广告，那么在此之前，请首先考虑一个更大的目标——为你的品牌创建一个社群。

我们可以看到，朝此方向努力的品牌数量与日俱增。这种现象不仅反应在品牌和消费者的眼里，也体现在我们的生活节奏中。在DDB公司，所有的职员就是一个相互联系的大社群。他们在全球共有13000多名员工，他们的各种创意推动着公司的业务不断发展。同时，这些创意也像一条永不间歇的数字传播流一样流经公司的各个角落，进而形成了一种公司文化，这种文化最终也会反过来影响员工。一个单独的项目可能需要汇聚多方面的努力，例如社会营销广告组、互动组、西班牙语国家营销组和其他小组等，都要贡献各自的力量。这些小组都是独立运作的，但工作起来却像鱼群一样，能在我们劳动强度高、创意十足的公司里统一行动。我们自己社会网络的进化让我们意识到，社会在变，我们也必须跟着一起变。

## 模式 2
# 免费商业模式：理解"免费"背后的逻辑精髓

## ✚ 实现免费了就是马云第二？

你以为，你在网上随随便便做个搜索引擎就能成为下一个李彦宏？

你以为，你在网上摆个小摊、开个书店就能成为下一个贝佐斯？

你以为，你在网上花钱买大批粉丝"跪舔"你的产品就能成为下一个雷军？

你以为，你在论坛发表几篇商业文明的感言大肆奉行"免费模式"就能成为马云第二？

"免费"商业模式的确可能让企业盈利，但"免费"模式并非无坚不摧的"金字招牌"。

以下两种免费模式，非但难以为企业带来利润，还是企业发展道路上的"定时炸弹"。

**如"定时炸弹"般存在的两种免费模式**

| | |
|---|---|
| "免费"大过天 | 市场上不乏一些唯"免费"独尊的企业,如果他们生产的产品很垃圾,就算免费了也无法改变"垃圾"这个属性。就算你巧言善变,下次用户还会相信吗?因为免费,所以产品垃圾——这是何等错误的商业逻辑。对消费者而言,使用垃圾的产品或服务不但浪费自己的时间和精力,也容易产生"贪小便宜吃大亏"的消费心理。因此,这一免费模式犹如"定时炸弹"一样随时可能摧毁消费者对企业的信任 |
| 免费=体验 | 免费是"互联网+"时代特有的商业模式,但免费不完全等同于体验。要么像阿里巴巴一样,在相当长一段时期内都实行免费。要么从确定商业模式的一刻起就培养用户习惯。现实中,许多企业对免费模式的运用是类似这样的:电子书前几章可以免费阅读,正读到精彩处收到付费提示。消费者如梦初醒,这和传统的体验有什么区别?体验过后就立刻收费,而收费后就是流失消费者的开始 |

在我国,"免费"流行模式的普及者之一是马云。他说过:"消费者从网上买东西,对他来讲,是一种尝试,尝试他是要付出代价的。卖家开始在网上卖东西,他也是一种尝试。对我们来讲,我们希望大家也是一种尝试,在双方、几方都是尝试的情况下,我们付出的代价,就是我们多花点钱,让别人能够占点便宜,同时共同去打造一个未来的模式。"

淘宝网在决定对会员正式采用免费模式前,阿里巴巴内部历经了多次思想碰撞。最初建立时,淘宝网的信息量少得可怜,会员的增长速度也不尽如人意。但在推出免费模式后,网站很快便有了起色。在短短几个月内,阿里巴巴的正式注册会员就突破了两万大关,半年后,用户数更是突破了八万。

很多人羡慕,还不到半年时间,阿里巴巴就完成了从建立到崛起的过程。

马云之所以能打败当时财大气粗的电商企业(如 eBay),靠的就是"免费",并且是在很长一段时间(三年)内对所有注册用户免费。

商业常识似乎都在告诉我们,企业唯有盈利才能存活,可淘宝却在做赔钱的买卖。当时许多业内人士预测,淘宝在两年内必死无疑。然而,结果却比屌丝逆袭更励志,淘宝成了国内首屈一指的电子商务公司。

许多业内人士不解,马云若非"外星人"派来的"卧底",他真有这么大的能耐?

美国作家克里斯·安德森在其畅销书《长尾理论》中提到:"一种商业模式既可以统摄未来的市场,也可以挤垮当前的市场——在我们这个现代经济社会里,这并不是一件不可能的事情。'免费'就是这样的一种商业模式,它所代表的正是数字化网络时代的商业未来。"

QQ是免费的,却铸就了腾讯帝国;

搜索引擎是免费的,却成就了百度大厦;

杀毒是免费的,却打造了360大楼……

原来,企业凭借"免费"模式也可以盈利,就看你运营的方式是否正确。

真正的"免费"并不是为了一味地讨好用户,也不是放弃盈利,而是"放长线钓大鱼"。我们应该客观看待"免费"模式。

### 1. "免费"往往意味着节约成本的同时,也降低了用户粘性

"免费"的东西虽然更容易引来消费者围观,但大部分都是抱着"打酱油"的心态,难以成为忠实消费者。一旦被身边的人劝导或市场形势有变,这些消费者就会迅速撤离。

而那些需要消费者付费获得的产品,购买成本较高,例如,对于几千

块钱的洗衣机、电视、空调、冰箱，消费者反而会给商家留有一定的周旋空间。毕竟没有哪个消费者希望自己刚入手的品牌，没几天就破产了。

消费者的购买心理不只是简单的黑和白，其中涉及心理学、厚黑学等诸多元素。如果家里摆放的产品都是不上档次的"廉价货"，对主人来说无疑是在侮辱自己的消费水平和眼光。

### 2. "免费"模式与产品价值无关，终极目的是刺激消费

马云说："我们有许多免费的服务，但免费并不意味着不好，我们打败许多竞争对手的秘诀就在于我们免费的服务比他们收费的还要好。"可见，免费与产品价值并无什么联系，免费不等于以次充好。对企业而言，免费不只是单纯的营销手段，也不只是一种企业盈利模式，更是一种对消费者的承诺。正所谓一诺千金，企业必须在确保产品质量的前提下，兑现对消费者的免费承诺。360董事长周鸿祎说得好："你在别人收费的地方免费了，你就要想办法创造出新的价值链来收费"，这也是企业为消费者提供免费产品、服务的最终目的。

## ✚ "互联网+"的本质：不是免费，而是盈利

在博鳌亚洲论坛2015年年会上，"互联网思维到底颠没颠覆商业本质？"被多位商业大佬热议，现场星光熠熠。京东集团创始人刘强东成为在场观众及媒体的焦点。

### ■ 互联网思维就是降低成本

互联网思维是降低成本，商业本质没有改变，然而互联网从来没有真正免费过，真正可持续的商业模式是实现盈利。

刘强东在解释京东当年毅然转型互联网时表示，主要基于以下原因：用户体验、成本和效益。

刘强东说："电商的用户体验非常棒，实体店不会知道你曾经去了哪几个货架、看了什么商品、停留多少秒。我知道了，就可以精准推荐，对商品提前预测作出巨大贡献，对供应商也有利；第二是成本和效益，电商成本比店铺低50%以下。公司去年库存周转天数是32天至34天，而传统店铺的竞争对手是50天至70天，管理的产品是传统店铺的两倍以上。"

■ 利用碎片化时间作为95%的配送力量

据了解，以生鲜快速配送为特色的"拍到家"业务将成为京东2015年新的战略重点。

现在的生鲜电商创业者多以自供为主，刨去固定成本外，生鲜本身的特性导致如果没有达到一定的销量和周转速度，其本身腐烂导致的损耗就会拖垮创业者。

刘强东认为是他们的商业逻辑出了问题，他觉得自己做供应损耗太大了。

刘强东称，京东会将其打造成一个完全的平台，与传统商合作，利用他们的供应链，将蔬菜送到消费者手里。而京东打算很少使用自己的配送人员，刘强东想要发动社会上的资源，利用人们的碎片化时间，作为95%的配送力量。

他提到："北京有很多退休的老年人，有很多时间在跳广场舞。如果他们愿意，可以每天在住所周围2公里内去送一两个小时的菜。这样既可以锻炼身体，又可以为小区服务，岂不是一举两得？"

焦虑对任何一个创业者、企业家都是不可避免的。论坛现场各位大佬说的焦虑主要是压力,在压力之上创新、改变、去跟上时代的发展和步伐。

刘强东认为,创业、奋斗的目的是为了快乐,不应该有一天因为痛苦、煎熬撑着,那是丧失了生活的本质,其中还包括作为创业者的本质。

SOHO 中国董事长潘石屹继而调侃:"我们说的焦虑都是压力、痛苦,强东现在是热恋中,他提的都是幸福,跟我们这些人没法比。"

刘强东强调,互联网和传统商业思维其实本质没有区别,任何一家互联网公司最后一定要走向盈利。

"从来并没有觉得互联网是有一个特殊的思维。迄今为止,我觉得互联网所有的商业模式并没有一个超越传统企业所谓的思维,依然没有脱离商业最基本的本质。"刘强东如此说。

## ✚ 追求"坏利润",远离"好客户"

利润也分好坏?可能很多人会对此感到非常新鲜,那么什么是坏利润?很多领导者的毕生追求就是利润数字,利润分好坏这一论调可能令他们大吃一惊。对于许多企业主来说,利润是第一位的,金钱永不眠,金钱也永不分好坏和善恶,只要不违法,就是好利润。

欧美有一本书如今被企业主们追捧,书的名字是《终极问题》。在这本书中,作者断言:"大多数企业都分不清楚好利润和坏利润的区别"。"坏利润真正可怕的地方在于,它危害了企业真实持续发展的机会。坏利润不仅损害企业的声誉,损害企业的根基,最重要的,坏利润使客户越来越远。它损害的是企业的未来。"

分辨好坏是人的本能,即使没念过书的海上渔民也会告诉你,小鱼是不能捕的，捕获小鱼，就是断送未来的大鱼，对于渔民来说，捕猎小鱼就是坏利润。猎人会告诉你，蛇是不可杀尽的，今年杀掉蛇，明年的田鼠就会猖狂，这是自然界规律所决定的，对于猎人来说，杀尽蛇得到的就是坏利润。

许多企业主却缺乏猎人和渔民的智慧，盲目追逐利润，却忘了分辨利润的好坏，导致的结果是，如今大多数公司尤其是中小公司，都在追逐坏利润，坏利润带给企业的危害是巨大的。

要可持续发展，就要认清坏利润的危害。首先，我们要知道什么是坏利润——任何以损害客户关系为代价的都是坏利润。

有一个小故事，却使我印象深刻，虽然它讲述的不是泰坦尼克号那样的大型船只沉没的故事，但是它蕴含的哲理仍然令企业主们警戒。

有一家小饭店，大堂只有二三个员工，服务虽然一般，但是味道还不错，所以生意还很好，和街上的几家同样小的饭店持动态平衡的竞争关系。这样的小饭店每个城市都有几百上千家，它们既不会壮大，也不会倒闭。

但是有一天，这家饭店发生了一件很小的事情：午饭高峰时期，一个带着孩子的母亲来到饭店。她就住在附近的小区，准备遛弯回家时才发现钥匙忘带了，只能等一个小时后家人回来，但是孩子哭着要奶喝，于是妇女来到这家饭店，请求一点干净的热水，来帮孩子冲兑奶粉，孩子哭得实在厉害了。

"热水两块钱。"服务员冷漠地说。

"热水也要钱？我可是常客——我连你们的老板娘都认识，她不会管我要热水器钱吧？"

"那我不管，热水两块钱。"

妇女有点生气，仍然掏出钱。然后，她等了许久，热水仍然没上上来。在两次催促之后，终于拿到热水，妇女匆忙冲兑了奶粉。

孩子喝完奶后安静许多，妇女在饭店等着家人来送钥匙。期间服务员数次经过她，却一次也没有问过她需要什么。甚至做出了嫌弃的表情。

最后，这个妇女的家人赶到。她回家后，把这件可气的事对家里所有人都说了。家里人听了很生气，表示再也不去那家饭店了。

这家饭店看起来好像没什么错：管客户要水钱，这种方式虽然不近人情，也极少被现代的服务业所使用，但是不可否认，世界上确实还有这种迂腐到可笑的小作坊式企业存在。

但是这次的结果是致命的。

妇女的家人还把这件事告诉了他们的朋友，他们的朋友告诉了朋友的朋友，其中不乏这家饭店的老客户。最后附近的所有原住民几乎都知道了这件事，他们开始对这家饭店敬而远之。

可怜的店老板毫不知情，只是眼看着饭店里的客人越来越少，除了路过的人，本地的人几乎都不上这家饭店了，他们总是目不斜视地走进另外一家饭店。

最后这家饭店倒闭了，就因为热水要两块钱，和服务员一如既往的冷漠态度。要不是刚好遇到带孩子的母亲，也许这家饭店的问题还不会暴露得那么彻底。

无论如何，这家饭店的服务模式早已不适合这个服务和口碑重于一切的时代。

任何时候，如果客户感受不愉快、不公正、被忽视，甚至感觉受到了胁迫时，此时企业获取的利润都是坏利润。

依靠漠视坏利润的危害的企业，以往都靠着坏利润来维持，但是坏利润不断积累，最终会星火燎原，为企业积累起一大批的"敌人"，在适当的时机，就会对企业发出致命的打击。好的利润通过创造价值产生，它是一种交换，也是一种增长。而坏利润通过压榨客户产生，它是一种榨取，而不是创造。大量的企业追求坏利润，它们忽视客户的感受，粗暴地对待客户，忽视客户的意愿，最终对客户关系造成致命打击。无数大企业死于忽视客户关系的公关危机中，还有一些极微小的企业——甚至是个体户，也会因为追逐坏利润而招致灭亡。

### ■ 铲除"坏利润"，留住"好客户"

目前国内也有许多先进的公司开始意识到坏利润的存在，比如海信集团对好利润和坏利润是这样定义的：本着依法合规、诚信经营的原则，能够为社会、员工、股东、客户创造价值，产生的利润就是好利润；而违法违规、违背诚信经营原则的，对影响企业是否能够长远发展的科研技术少投入，影响企业长远发展换来的利润，就是坏利润。

海信推行了"铲除坏利润"原则，海信内部明令禁止大部分企业常见的一些造假现象，同时严厉打击偷税漏税、指标造假、骗补贴的行为。

以前海信考核领导干部是四个指标：标杆作用、能力、态度、业绩。之后又加入了坏利润指标。如果干部身上存在损害企业长远发展的坏利润因素，就要纳入该干部的考核之中。

海信在十几年的时间里，为了铲除坏利润"铲除"了三个总经理。

好利润常常致力于使客户满意，解决客户的问题，帮助客户实现自己的价值，能够做到这一点的企业，客户都成为回头客。心满意足的顾客会自动成为企业的营销人员,很大程度上降低了企业的营销成本。

好利润可以使企业获得良性发展,好利润的本质建立在为客户、社会、员工、股东创造实际价值的基础上。好利润来源于客户自发自愿地主动合作。

要追逐好利润,改善客户关系是首先被考虑的。

企业要根除坏利润,最重要的是建立起良好的、长久的客户关系,才能为企业带来更大、更长远的、可持续的利益,实现公司优质而可持续地发展。

## ✚ 忽略用户体验,免费也是"浮云"

原来,敢赔本、免费也是一种盈利模式,是为了放长线钓大鱼。免费的搜索把百度捧上了市值第一;免费的QQ让腾讯成为一个庞大的帝国;免费杀毒让360横扫杀毒界;到2013年每季度都有了上亿美金的收入让企业在网上摆地摊,让阿里巴巴成为全球领先的电子商务平台……

的确,免费是个好东西,但免费并不是无坚不摧的金字招牌。有人说,免费本身就是一种用户体验,我们已经把产品免费提供给你使用,你还想怎么样?

即使产品免费,用户体验也不能打折,仍旧要做到极致用户体验。

有两种免费模式,不但不能盈利,还是"毒药"。

### ■ 1. 唯"免费"独尊,产品垃圾

如果企业提供的产品是垃圾,即使免费也改变不了其垃圾的属性。消费者会认同你的辩解逻辑吗?——"因为免费,所以垃圾"。垃圾的服务

与产品不但浪费了消费者的时间与精力，还会对消费者形成强烈的讽刺暗示——"贪小便宜吃大亏"，无意间"拷问"人性贪婪度的商业实验，会让恼羞成怒的消费者把你打入十八层地狱。

### 2. 把免费当体验

免费崛起于互联网时代，很多人却在玩时间倒流，又回到传统时代。如电子书前多少章是免费的，读者读到兴起时，不合时宜地跳出付费的提醒；游戏免费玩，但当玩家战得正酣时，却有了BUG，出现了无解的死局，除非玩家花钱购买道具；连义务牵红线的虚拟红娘——相亲网站，也冷着脸要红包了——必须购买邮票才能查看信件；更有甚者，一夜间突然宣布所有免费产品或游戏全部收费……我们恍然大悟，这不就是传统行业的试吃、试玩吗，也就是前期体验，以此来拉拢客户，一旦形成规模，就会变脸——收费。但一旦收费，大批用户就有上当受骗的被挫感，造成用户流失。

越是免费的东西，用户成本越低，黏度也低，不容易形成"死忠"，会聚集一群打酱油看热闹的"流星"用户，一旦风云突变，他们最容易煽风点火。相反，用户付费购买的，尤其付出成本高的，譬如几千元或上万元的冰箱、电视，用户反而会给予一定的周旋余地，甚至商家陷入危机时还能辩解几句。毕竟，他们也不希望因为企业破产，其购买的产品落到售后无人这样的悲催境地；再者，如果家里遍布一个糟糕企业的产品，也是无声地侮辱购买者的智商与眼光。譬如，郭敬明就因为购买"假洋鬼子"达芬奇地板，而成为圈内、韩寒粉丝等诸多看热闹的人津津乐道的笑柄。

消费者的购买文化与心理极其微妙，绝对不是简单的是非与黑白，其中充满了经济学、心理学、厚黑学以社会学多重元素的糅合，进退间皆有玄机，决不能把某个模式当成万能良药，一不小心就会弄巧成拙。

免费有很多文章可做，但怎么做，其中大有深意。首先我们应该正确解读"免费"。

如何解读"免费"？

| 解读 | 分析 |
| --- | --- |
| 免费是吸引用户、降低消费门槛的手段，无关乎产品价值 | 马云说："我们有许多免费的服务，但免费并不意味着不好，我们打败许多竞争对手的秘诀就在于我们免费的服务比他们收费的还要好"；免费更不能出尔反尔，潮水还没退，就拿着钱袋子出来裸泳了。商人也得一诺千金，必须以好的产品兑现免费承诺 |
| 免费不是一种简单的营销模式，而是商业模式 | 周鸿祎的建议一针见血，"你企业如果在别人收费的地方免费了，你就要想办法创造出新的价值链来收费"，这才是免费的终极目标 |
| 免费不为收费，免费本身就是目的，免费也要极致用户体验 | 李彦宏坚持"用户体验还是比商业利益更重要。用户找什么你就给他什么，这与付不付费没有直接关系" |

自创立之初，百度一直奉行免费搜索策略。免费的服务，没有阻止百度一直致力于提升用户体验。"有人担心如果百度变得一家独大，会不会以后没有竞争了，会不会以后百度技术进步变慢了，会不会百度用户体验越来越不好了，对于这样的担心，我的回答是：一定不会！"2010 中国 IT 领袖峰会上，李彦宏向用户作出如此承诺。

针对用户"互联网上虚假信息还是很多"的抱怨，2010 年 12 月 17 日，百度与中国互联网违法和不良信息举报中心联合发起一场旨在"打击互联网不良信息，共建和谐网络环境"的"阳光行动"。李彦宏立场坚决："互联网信息良莠不齐，百度希望通过这样一系列务实而有力的举措，加大对互联网违法、虚假、不良信息的打击力度，构建更加绿色健康、真实可信的网络环境,为互联网发展做出更大贡献。"

这次"阳光行动"包含四大举措:斥资1亿元加大技术和管理投入,扩充专业团队;与中国互联网违法和不良信息举报中心合作,在每个搜索结果页开设不良信息网友快速举报通道,一经举报中心核实,百度将于48小时内处理;与公安、食品药监等政府部门联动,打击重点案例;设立1000万元阳光基金,面向普通网民推动安全上网教育。

为避免用户获取虚假信息,百度对一些可疑网站,在搜索结果标题后面还加上了"风险"的图标标识。

互联网对传统商业模式的颠覆,很大部分是依赖免费。互联网的"免费风"也不可避免地吹到传统企业。一些先知先觉的传统企业,用免费滋养了用户和自己。以"变态"著称的海底捞,善于挥舞免费"长袖",不仅为等待就餐的客户提供无限量的免费小吃、豆浆和美甲服务,还为过生日的顾客免费送上生日礼物和长寿面。免费以及"变态"的服务,为海底捞吸引来更多顾客排队就餐。

对于海底捞的免费,很多传统企业表示并不太高明,不过是"雕虫小技"。但是,既然免费如此"简单",为什么他们学不会?他们只学到了免费的"皮",却忽略了免费也要讲质量、讲技巧。

在海底捞,即使免费的服务也不打折扣。反观在其他企业,免费提供的东西,往往充斥着劣质的味道,水果、饮料不新鲜,擦鞋服务敷衍了事。一些企业在提供免费试吃时,不顾用户感受,一旦试吃后,用户和企业地位发生倒转,企业仿佛是施舍者,用户变成乞讨者,回头率可想而知。

对传统企业来说,即使提供免费产品或服务,也要给足用户尊严和面子。在免费产品面前,用户还是"大爷",消费即享受。

不过,在移动互联网时代,免费模式可能被颠覆。与PC互联网时代掌握入口就守住钱袋子不同，移动互联网时代，是效率和碎片的时代，没有入口，没有企业像百度一样掌握搜索入口，即使号称拿到第一张移动船票的微信，也无法在即时通讯领域做到绝对垄断。2014年2月，陌陌用户量已经突破一亿，更何况，陌陌群比微信群更开放，其活跃度远远超过后者。

失去入口或者入口弱化，企业必须珍惜留在你身边的每一位用户，尤其是那些有价值的付费用户。只要抓住付费用户，也可以获得大量收入。2014年5月，《刀塔传奇》取代了在IOS榜上常年霸占首位的腾讯，抢占了第一把交椅。在《刀塔传奇》用户中，付费率高达20%，单日单品付费人数超过十万。而腾讯的活跃用户虽多，却少有付费。腾讯用免费培养的游戏用户，却成为其他游戏的付费用户。其实，类似的事件并不少见，像淘宝培养了用户在网上购物的习惯却也让京东商城受益。不用觉得冤枉，商业世界一向如此，先行者往往承担着培育市场的责任，至少获得了先发优势。

这个信息爆棚化、碎片化的小时代，我们接触了海量信息，我们膜拜无数人的传奇创业故事，但只偏重量的阅读习惯，以及成功创业者对成功运气的刻意藏匿和对必然性的肆意夸大，让我们执念于某个因素，也让我们对互联网一叶障目、一知半解。

拥抱"互联网+"，不是简单的电子商务、社会化营销、免费策略就能搞定的，它代表的是一种思想和思维。雷军的互联网工具论在他卖掉卓越，与金山软件辗转跋涉时就渐渐消融瓦解了。"互联网+"其实不是技术，而是一种观念，是一种方法论，理解了这些，你就把握了"互联网+"落地的精髓。

## ➕ "免费"思维可以有：本质是创意

营销是否有免费成功的道路？我历来对此表示怀疑。即使通读了《免费营销》，其中所举的任何一个案例，都不能让人得出"营销从此免费"的判断。

关于神奇的免费方法的各种观点，都很吸引眼球，如零成本管理、零费用经营、低成本做品牌、一毛钱做品牌、免费做销量等，但从上述著作或论述所列举的案例、方法，我至今没有发现有一个是真正零费用、无成本或免费的。

不战而胜、以小博大，这是高明的战略，与免费无关。伐谋、伐交可获得预期利益，无需伐兵、攻城，并非零成本或无费用的空城计，多是威慑利害钳制的结果。

简单地说，产品销售、品牌建立、企业运营，是实实在在的事情，在管理或营销过程中出现的"免费"，往往是其他价值链环节有极大投入的"边际溢出"结果。

如海底捞微博上的爆火，与黄铁鹰的著作《海底捞你学不会》有直接的关系，而黄著之所以将海底捞变成了一个商业现象与标杆，与黄铁鹰本人在商界、媒体的深厚人脉紧密相关。如果不是黄铁鹰、宁高宁、刘东华等商界大佬为这本著作添油，《中国企业家》《创业家》等一众财经媒体就不会免费为这本著作做推荐，微博大号也不会将相关帖子置顶。由此可见，将海底捞现象简单归结为几条微博引发的蝴蝶效应，是未得其中奥妙的。

即使是搭便车的免费传播，如凡客体的流行，是4A级文案的创意。

不说满大街公交站牌的硬广告，仅仅是这版文案创意本身，就要付出一字抵万金的真金白银——中小企业，你还要做免费午餐的梦吗？

我个人的看法是：免费营销的隐性成本，高到一般中小企业不能理解（遑论承担），这就是为什么所有免费营销论者，能举出的有说服力的案例都是大品牌、名人企业，却从没有一个白手起家、从小到大的现实案例。

免费方法有没有？可以肯定地说，这个真没有。

### ■ 观点1：免费模式是颠覆性的商业力量

安德森的《免费》指出，免费+关联收费的新商业模式是互联网时代的商业规则。

免费确实是互联网经济的显著特征：新闻免费、知识免费、搜索信息（检索）免费、音乐下载免费、看电影视频免费、杀毒免费、IM及语音通话免费，这些形形色色的免费新模式、新产品形态摧毁了报纸、影视、出版、书店、教育、唱片、CD/DVD机、国际长途、软件等众多曾经辉煌的巨无霸产业及企业。

免费是真实、日益普遍且颠覆性的商业现象。那些用免费开路的互联网公司，在聚集起高流量后，诞生了一个又一个超级规模的新巨头企业：谷歌、百度、腾讯、阿里巴巴、Facebook、新浪微博、奇虎360，以及最近的Groupon、Pinterest、愤怒的小鸟、91手机助手、陌陌、微信等。

免费模式所到之处，颠覆或重新定义了该行业的游戏规则，可以这样说，免费是一种真实、强大甚至摧毁性的商业力量。

免费模式的力量到底有多大？

我只能这么说，一切收费模式的传统对手在它面前，都"马死得快"（Mustdie）！

### ■ 观点2：免费午餐是馅饼也是陷阱

免费是大馅饼，也是大陷阱。只要是在互联网，你就没有个人隐私可言。过去这只是软件业的潜规则，如今已经变成了MID（移动互联网）时代的明规则。

无论在iOS或Andriod系统里下载哪一种免费App，除了接受对方的广告推送之外，还交出了个人的隐私：位置、点击、通信记录、交易记录，甚至个人通讯录、移动设备文件夹里的文件等。

互联网里所有的免费都是一个诱饵，免费是解除个人隐私武装的窃贼。与向个体完成一次产品推销相比，个体本身的生活信息、关注点、终身价值（LTV）具有更大的商业价值——这是推出一切免费模式及产品的目的所在，也是互联网上免费产品日益普遍的原因。

免费如此普遍，你即使万分小心，还是无处可逃：只要你使用任何一种互联网或现代商业系统，你的个人隐私就全部被一个看不见的"云"记录在案——用句时髦的词，你的每一次点击（Click）、暴露在监控摄像下的动作、甚至面部表情等，都变成了"大数据"里的一组二进制代码，进入各种商业机构的分析器之中。你使用各种免费服务的行为，为你所不知的很多公司，创造了就业机会与商业价值。

如果这些被窃取的隐私数据，只是让你多接到一些推销电话、邮件，或许只是免费的轻微代价，但如果有一天这些隐私数据炸裂了人们的生活，我们才会对免费的陷阱产生恐惧。

网民在3Q大战时，只是体会到轻微的不满；如果发展下去，免费终有一天会走到自己的尽头，如同牛奶里的三聚氰胺一样。

免费午餐究竟是馅饼还是陷阱？

中国人似乎不着急，美国人已经很上火：网络战正成为继贸易战、货币战之后新中国威胁论的焦点。

■ **观点3：免费思维的本质是创意**

商业组织或个人如何利用互联网的各种免费平台和机会？

《免费营销》里提出了"恶搞打造品牌"的观点,这比事件营销、口碑营销、故事营销等更体现了两位作者个性的出彩处——友龙未曾谋面,从文章中看出其思维有亦正亦邪的特点,文笔如桃谷六仙;曙光有一面之缘,属于内里是平一指(杀人名医)、外表是莫大先生(衡山掌门)的感觉,这两个人的组合,比一台戏还精彩。

在碎片化、自媒体时代做传播、做产品、做品牌,还真不是有钱就一定能搞定的。举娱乐圈从无到有、快速走红的两位女明星,可以说明娱乐时代"创意决定效果"的碎片化传播特点:

一个来头不小,出道有巨额资金撑腰,邀请当红明星搭戏捧角,从孙红雷到张柏芝,从古装到现代,从美艳妖姬到纯情苦情,大把真金白银花下去,戏不红、人不火。

另一个草根出身,没演过一次女主角,甚至正经的配角戏份都不多,出道靠胸大,不时爆雷人言论,凭着"男人只看我的胸,不看我的脸"、护士服内裤走光等无数八卦狗血,扶摇直上变成了各电视台炙手可热的嘉宾,影视剧吸引眼球的调料。

如果你至此还不知道这两个女星是谁,说明你很不八卦:前者是号称"京城四美"之一的景甜,后者是刚跻身"新四大美女"之列的著名胸器柳岩。

很明显,在全民娱乐的时代,花钱自弹自唱,不如让自己成为触媒,让媒体及公众——娱记、粉丝、八卦们——拿你当下酒小菜。

女明星这个产品或品牌的打造需要话题、绯闻、恶搞,产品或品牌营销是否也可以八卦一下呢?

从话题、故事到恶搞、八卦,反映的是碎片化时代受众浮躁的情绪现实,都需要创意,尤其是将八卦、恶搞与产品传播挂接,是非常不容易的事情。

在碎片化时代，创意更加是传播的瓶颈。没有创意的巨资传播，效果确实越来越差。

但创意是窄门。这世界的创意比金钱稀缺得多。在免费创意的背后，是失败失望失落失眠可怕的无底洞。创意之光，比上帝之光更难得。

在创意的世界里，需要勤奋，但勤奋并不能保证一定有成果。中国写诗最多的人是乾隆，但李白、杜甫随便拿出一首五绝都可以羞死装腔作势的皇帝。

免费是个好东西，身在充满免费产品及服务的世界里，这是个最好的时代，或许也是最坏的时代。你需要懂得如何利用免费提供的机会与资源，规避免费的陷阱，才能以小博大、搭便车、借势生花、顺水行舟、站到吹得起猪的风口上，等等。

免费思维是一种战略思维、创意思维。免费力量的本质就是创意的力量：一心生万物。

《老子》曰：道生之，德畜之，物形之，势成之。

免费思维可以是道（战略），可以转化为物（产品），可以巧能成势（战术），但不要用投机懒惰的心态对待免费。免费思维能否助人成功，机巧灵感固然重要，也许真是"唯有德者可居之"。

免费思维，这个可以有。若没有，你就真要被"互联网＋"时代淘汰了！

## ✛ 结论：任何一道"免费"菜肴都是对人性的思考

前招商银行行长马蔚华谈到互联网思维是否就是"免费"时表示，天下没有免费的午餐，商业的本质是赚钱这是天经地义的，而互联网的本质就是使商业本质回归人性。

马蔚华说:"有一句话叫天下没有免费的午餐,首先互联网的本质和商业本质是两回事。商业的本质是赚钱,是价值实现,这是天经地义的。互联网的本质就是使商业本质回归人性。因为互联网说实在的是以人为本的,互联网企业所做的那些免费的事实际上都是让客户感觉到物有所值,物有超值,这个平台上要有更多的流量。强东也是,给很多优惠,然后让客户都来。这个平台流量越多,那么和将来在这个平台上很多利益相关者的产品就会获得更多的价值。比如余额宝,它是在马云支付宝的平台上,所以它看来可能有很多平常免费的时候,但是因为免费,所以物有超值,因为客户感到惊喜,所以大量的粉丝就到了你的平台上。流量越来越多,但是另一个角度,它的任何推出的产品利益相关者都会有很大的变现,这就是吃小亏占大便宜。"

人性,这个听起来无比"高大上",被卡耐基大书特书的词汇,置于我们内心和灵魂深处最不可触摸的地方,又悄无声息、无处不在地潜伏于凡夫俗子的红尘生活中。它是一种最原始的渴望,也是一种最真实的需要。

人性既有优点也有弱点。我们勤劳、善良、勇敢,有爱心、同情心、感恩之心、责任心和怜悯心,也天生背负着傲慢、妒忌、暴怒、贪婪、懒惰、色欲、暴食等"七宗罪"。

《商业常识》一书的作者申音表示:"营销关乎人性,人性中既有贪婪、虚荣、好色、懒惰等,也有追求真善美的一面。微营销要打动人心,必须把握人性。"

购买奢侈品,满足了人性中的虚荣;外卖、电子商务解决了人们因繁忙而无暇购物的难题,满足人性中的懒惰;现在热门的众筹模式,让人们获得参与感。

用时下最时髦的话来说，就是好的产品和服务一定要为用户提供合乎胃口的体验。所谓"体验"，美国体验经济学家约瑟夫·派恩在《体验经济》书中解释道："体验事实上是一个人达到情绪、智力，甚至精神的某一特定水平时，他意识中所产生的美好感觉。"

人性得到满足，用户就能产生美好感觉。在非控制话语权兴起的年代，在用户掌握话语权、用户说了算的年代，任何商业模式的胜利，一定是基于人性的胜利。这一点，不分传统企业，还是互联网企业。

## 模式 3

## 平台商业模式：互联网无边界，打造足够大的平台

### ✚ "互联网＋"时代的利润池之战

利润池是一个企业主要的赢利管道，也是该企业商业模式的核心。若利润池遭劫，等同于战场上的补给线被直接切断，其结果可想而知。

■ **利润池大战**

无论你的企业是以传统模式还是平台模式来经营，你都必须清楚了解自己的利润池分布，并随时留意哪些竞争者或周围企业的利润源头出现了战略性的变化。

在以往的商业竞争格局中，竞争企业彼此间以类似的方式争夺有限的利润。然而平台商业模式却带来了前所未有的冲突方式：这些"覆盖"而来的对手，他们的战略要夺取你的利润——事实上，他们另有赚钱的计划。这些竞争者打破以往的产业形态，直接破坏你的生存补给线，为的只

是分散你的市场人流。

无论一家企业是否运用了平台商业模式，都必须随时提防竞争者的出现。竞争者通过平台提供免费的产品或服务，并以此为诱因吸取用户并绑定他们，颠覆其他以这块市场为利润基础的企业。等到对手玩不下去，这些竞争者便可以名正言顺地吞并此市场，将其纳入自己的生态圈之中。

各平台企业的利润池来源均不同，因此我们看到平台产业间相互呈威胁之势，在切断对手利润源的同时，自己又必须积极开拓新的利润池，避免新的覆盖者在不经意间从无法预料的领域出现。

这是高度混乱的产业战争局势，也是平台战略独具魅力之处。

### ■ 平台模式崛起

平台模式的崛起所掀起的商业变革具有众多层面和意义。不仅商业模式本身，就连企业所面临的威胁也发生了巨大变化。

传统企业通常面对高度同质的竞争者，彼此的赢利模式相似，在垂直价值链条上争抢下游的客源，竞争的形态趋向单一。平台商业模式瓦解这种线性关系，每个平台企业都开始发展出独特的生态圈，从四面八方连接多边市场——也正因为如此，潜在的敌人往往从无法预料的方向出现。

"平台"正是这样一个冲突概念：未来邻近产业，甚至毫无关联的产业的企业，侵蚀你的使用者市场，因而造成了威胁。举个例子，虽然亚马逊公司已经成功地促使美国读者购买电子版本的书籍多于纸质的传统书刊，但是苹果iPad及后续崛起的平板电脑却大大吞噬了电子书的功效，除了给予用户阅读方面的享乐，更提供多媒体互动娱乐的价值，如游戏、视频、音乐等。又如，已经稳坐手机产业大佬位置的诺基亚、摩托罗拉、索尼爱立信，他们的天敌竟来自毫不相关的产业（如线上搜索产业的谷歌），而他们所带来的威胁不只是硬件制造这么简单，而是生态圈形态的全面包围。在平台模式不断颠覆传统的时代，音乐产业已遭到来自非音乐企业（如苹果）的颠覆，手机短信功能被移动运营商（如腾讯、微信）取代，电视台的角色被跨界业者（如优酷）取代，即时通信软件被微博替代，信用卡受到手机钱包的挑战等，类似的例子层出不穷。

多数人或许已感觉到这股前所未有的变化，却尚未意识到此潮流正在改写历史：人类的商业行为在极短时间内，已经与数年来的商业惯性脱钩了。

互联网模糊了人们熟悉的产业定义，过往的政策拟定、战略制定方针都面临严峻的挑战，威胁者可能从任何方向包围过来。"互联网＋"的概念以如此彻底的规模横扫全球，渗透人类行为的每个角落。这在人类史上是前所未有的。没错，过去的数千年间，跨行业的商业平台颠覆行为确实时有发生，然而在当今时代，全面覆盖性的商业战争笼罩着全球市场，而且从这一刻起，企业所面对的战略威胁从此不再相同，也不像过去那样单纯了。

从这个时代起，就算是以硬件制造为核心竞争力的企业，也不得不留意软件开发商的动向。就像安卓系统蚕食了昔日手机大佬诺基亚的市场占有率；苹果的 iPad 融合 AppStore、iTunes 等生态体系，完全扼杀了各大电脑制造商的生存空间。更夸张的是，线上搜索商谷歌已将触角伸向汽车制造领域。这样的情况别说在几年前，就是在历史数千年间都从未发生过，然而在当今，这样的情况却逐渐成为常态，人们已见怪不怪了。

我们不能只将这些现象视为硬件软件之争，而必须看到谁能打造出具有覆盖力的新生态体系，谁就能脱颖而出。

某些早期通过特殊定位巩固了用户基数的平台企业，已拓展出多维度的庞大生态系统，如腾讯的通信信息、百度的搜索、阿里巴巴的电子商务。它们通过不断扩张的用户数，得以将触角引向生态圈中的任何地方。

也正因如此，这些"生态圈"几乎可以覆盖到任何与它们相关甚至无关的业务领域。视频、在线阅读、电子贸易、口碑点评、创意设计、新闻百科等领域，均被潜在的"覆盖"阴影所笼罩。

身处"互联网+"平台上的企业已频见冲突，战火燃烧到了市场的各个角落，这样激烈的战况，完全是一场前所未见的大混战。近几年崛起的社交服务平台、地理位置服务平台之间出现的彼此覆盖的迹象，甚至连团购平台、优惠折扣平台也陷入战局，生态圈之间彼此侵蚀。平台战略的拟定不再是分析上下游产业竞争者这么简单，因为对于平台企业而言，许多界定客户、用户、合作方、竞争者、威胁者的方式都已改变。

以"覆盖"为基础的非传统冲突的竞争模式——平台战略已全面铺开。

## ✚ 传统企业的机遇：开放平台

三个人，花了七万元，办了一个电商开放平台——千人论坛，而且好评如潮，参加者纷纷说大有所获！而且这还不是传销，是正儿八经的业界交流互动。你觉得这件事，靠不靠谱？我再给你描述几个论坛的细节。在这次论坛上，为争抢一个前面的好座位，几个电商人士大打出手；到了下午五六点钟这个传统论坛的"黑暗时刻"，与会者不仅没有走光，而且离场率还不到1%；连几位知名电商人、电商评论员都没有座位，却心甘情愿站在消防器材上当听众……你是不是开始觉得这个论坛有点牛了？

要知道，这不是免费的金秀贤见面会，并没有那么多死心塌地的粉丝。

牛不牛，对比一下现在论坛会议常见的现象就能略知一二：名头虽响,动辄冠以"国际"的帽子,却往往是一件唬人的外衣,再拉几个金发碧眼的洋人捧捧场,也掩饰不了内容的空乏,以至于许多与会者却常常中场离去或者选择到会场外喝咖啡;一些商业论坛中,其实根本没有"论",更没有"谈",满场的广告和条幅等硬广告,仅赞助厂商的广告发言就占去论坛的大半时间;甚至连一些主打学术的会议,常常安排在旅游景点,冬天北方冷去海南,夏天热去海边,"学"和"术"的影子没见着,反倒来了一场说走就走的公费旅行。

以上披着华丽外衣,里面实则虱子、跳蚤堆积的论坛会议,花销肯定不是个小数目,筹备战线可能也拉得挺长。结果却出力不讨好,参加论坛的人连连抱怨,抱怨名不副实,抱怨毫无收获,抱怨浪费时间……

在电商充斥生活各个角落的时代,连隔壁张三、李四都跃跃欲试想在网上开个小店的今天,与各类商业论坛、学术论坛相比,电商论坛的确比较应景。但是千人电商论坛不是开先河者,只是一个深圳电商人龚文祥自费办的论坛。他虽然小有名气,是电商资深研究者,却没有请来马云、刘强东等电商"导师"现身说法、传授心经,却以三个人的力量、七万元的费用,举办了一场让参会者不离不弃、"大部分人都满意"的论坛。不能不说,还是挺让人吃惊的。

在千人电商论坛的筹备与举办过程中,你会看到诸多颠覆中国行业论坛的做法。而这些反其道而行之的做法,恰恰流露出浓浓的互联网思维,也促成了一次让人满意的论坛。

去掉了礼仪小姐、论坛酒会、第三方公关公司、媒体报道等一切不必要的"花式"项目,千人电商论坛化繁为简,专注于演讲嘉宾的内容以及听众互动两个环节。这样一来,论坛变得简单之余,既减少了花费,还减轻了筹备人员的工作量。

按龚文祥自己的经验分享,这次论坛只花了七万元:六万元用于场地，包括音响、喷会等，5000 元是印刷资料所用，与会者每人的一瓶水共计 1300 元，其余一万元用于购买嘉宾快餐等。包括他在内的三位筹备人，除了确定参会人及演讲嘉宾外，几乎不需要花费专门的时间。

■ **颠覆的开始——平台变得简单**

让平台变得简单，只是颠覆的开始。

论坛内容全部是"干货"，以及鼓励与会者互动、分享，才是千人电商论坛最吸引人的地方。

在这次交流平台上，没请赞助商，所以没有广告发布，没有推销，有的只是电商从业人员最关心、能够切切实实帮助他们的内容。

比如，靠经营粉丝获得上亿营业额的莫七七分享了粉丝经营之道，她告诉大家：品牌的核心不是卖产品而是获取用户，而获取用户，不用看任何运营技巧，也不用分析店铺数据，只要"不忘初心"，100% 发自内心对用户好，就是最大竞争力。

还有资深电商人黄若分享自己纵横电商圈多年的心得，他警告大家：电商行业开始去中心化，现在最大的创业机会在生活服务电商，尤其是移动生活服务电商会超过 PC 实物电商。

在今天这个传统行业需要转型、电商也需要转型的时候，对拼命做推广却仍然陷入水深火热的网上店铺来说，莫七七"积累用户的心态"，是她自己的初心，也是对一味追求业绩的卖家们的有效劝告。而在移动互联网时代渐渐到来，人们迷茫于如何抓住移动互联网的机会时，黄若给大家指出了一个方向——移动生活服务。

他们不是简单的书斋或实验室的电商观察人或研究者，而是实实在在的电商经营者，既有与大家相似的白手起家的草根，又有经历大风大浪、经营过高大上电商企业的经验的"江湖前辈"。他们的心得，没有耍花招，更接地气,百分百的"干货"。真正满足了用户需求,提供他们超预期的服务。

这次论坛还有一个大的卖点,即鼓励互动,提供参与感。它颠覆了台上人念稿子、台下人坐着昏昏欲睡地听,而且限制大家使用手机的传统,鼓励台下的观众互动。论坛册子上有全部参会人1060个人的微博和微信,现场使用加附近的人、摇一摇、雷达加朋友、面对面建群四个方法"互粉",大家一起交流,互动,每个人都有参与感。仅现场的一位义工,就加了几百位电商好友。

参与者的互动,也是一个社会化营销的过程。当你在微博、微信上看到他们的分享,是不是早就知道了这次论坛?

除了运用微信、微博等移动互联网工具或技术外,这次电商论坛既没有在网上召开,又没有在网上销售门票,更多地还是落实到地面。这是一场典型的运用互联网思维举办的论坛。化繁为简、提供用户超预期服务、兜售参与感……互联网思维的很多"点睛"之笔,在这次论坛中,都被运用自如。

早在2010年,李彦宏在第十届中国企业"未来之星"年会上表示,今天每一个公司都是互联网公司。但是,现在仍有一些传统企业对互联网和互联网思维不屑一顾:我们和互联网不沾边,不是照样活得挺好!真的是这样吗?

卖肉夹馍是不是传统行业?没有比这个再传统不过的了吧!北京五道口的那家"西少爷"肉夹馍,开业100天销售了20万个肉夹馍,每天门口排起百人长队,甚至有顾客专门从济南坐高铁来排队。这个肉夹馍为什么这么红?

在"产品研发"时,他们不仅对肉夹馍质量精益求精,还组织了一大批朋友和一些"吃货"人士来试吃。根据大家意见,最终对肉夹馍的用料配比进行准确掌握。

开店之前，创业团队在朋友圈里的那篇《我为什么要辞职去卖肉夹馍》，被广泛传播。北漂的生活，总是容易引起大家的共鸣。这篇饱含众人共鸣的文章，也把"西少爷"肉夹馍的香味扩散了出去。

开业之后，他们不断简化流程，优化排队时间，争取将顾客等待的时间缩减至五分钟之内……

也许"西少爷"没有感知，但是他的企业经营中，确实流淌着华丽丽的互联网思维。所谓顺时代的大势，就是思维，这个思维就是至今已经被称作滥大街的互联网思维。

有人说，这些互联网思维，譬如使命感、平等、用户为中心，我都有，而且已经展现得淋漓尽致，为什么还是一无所获，与之前没啥区别？很多已经贴着明晃晃的成功标签的所谓励志导师，会郑重其事地告诉你——你缺少机会。

机会，就是雷军所说的能把猪吹起来的台风。懂得寻找合适的机会，同样是互联网思维至关重要的一部分。如果少了机会，所有在商业计划书上闪闪发光的创意以及与用户无缝链接的互动，可能会憋成内伤。对于大部分企业和创业者来说，这个机会就是拥有开放、共赢意识的平台。

## ✚ 站在大平台上就能屹立不倒吗

2007年秋天，阿里巴巴忙于香港上市时，百度组建专门团队，取名"有啊"，正式进军电子商务。这个消息，让正在酝酿淘宝商城B2C平台的黄若，很是紧张了一阵子。后来，当听说"有啊"是模仿淘宝做C2C平台时，他大大地松了一口气，还为自己开了瓶上好的红酒。

■ 传统企业应该找一个什么样的平台？

在 B2C 上，淘宝商城不占据优势，万一百度杀入，完全可以凭借中小企业资源以及强大的资金技术优势，抢占制高点。但是，百度偏偏放弃了这个好机会，而是选择建立淘宝已经做了多年的 C2C 平台。因为对电商的定位缺乏深思熟虑，再加上电商人才的缺乏，即使强大如百度者，建立的电商平台始终成不了气候。

平台大不表示你不会倒掉，传统企业不一定找最大的平台，而是要找到合适自己的平台。

百度、阿里巴巴和腾讯 BAT 三巨头是中国最大的三个互联网平台，他们各有优势，却不是样样在行。以搜索引擎起家的百度，技术至上，能够为开发者提供技术支持，也更具包容性，和开发者、企业形成一种松散、开放的合作形式。他不刻意将企业限制在自己的生态圈里，反而让企业选择想要的平台。如果你依附于百度平台，则能免费使用百度的技术接口，享用百度的大数据智能技术，为用户提供更加精准的服务。

阿里巴巴拥有强大的电商基因。但凡收购一家，可能会迅速变成他的电商管道。之前，阿里巴巴收购新浪微博，用来给淘宝打广告；而 UC 则被用作为淘宝导流量的浏览器。如果你踏上阿里巴巴的平台，毋庸置疑，会在电子商务方面受益诸多。

而腾讯平台的强大之处，则在于 QQ、微信等即时通讯和移动社交。如果你获得了进入腾讯平台的"门票"，很有可能获得更多在移动互联网的生存发展机会。而且，腾讯已经获得银行牌照，平台上的企业可能还会受益于其金融生态。

传统企业根据自身的特点，观察各个平台的优势，再去考虑哪个平台更适合你。如果你是一家服装销售企业，想做电商，不妨选择阿里巴巴平台。但是，如果你缺乏技术，百度自然是个好平台。如果你想开一个家常小店，不妨选择去淘宝，而要想走高端品牌路线，麻烦请"移驾"天猫商城。

即便你选择了合适的互联网平台，也不一定顺风顺水，一将功成万骨枯的故事天天都在发生，网上一样惨烈。2013年年初，前阿里巴巴诚信通创始人卢志银在一次电商沙龙上透露："阿里现在所有开店的淘宝卖家有950万，其中300多万卖家网站停止，剩下约80%都亏损，真正赚钱的只有10%。"

电商平台提供了很多品牌快速的机会，一个品牌短短几年甚至一年时间里就能声名鹊起。同时，电商平台"轻、快"的特点，也决定了品牌必须保持高速发展，电商需要迅速把创意变为品牌，并最终转化为经济利益。

但快也有两面性。一个品牌成年的时间短暂，陨落的时间也快，如同流星，极快地绚烂，又极快地坠落，一个坏消息很容易砸坏一个正值盛年的牌子，粉丝聚集得快，散得也快，缺乏足够的用户黏度，也就是"其兴也勃焉，其亡也忽焉"。

1. 电商平台是一个生态系统

其中也有物竞天择，适者才能生存。一个平台的运行，既考验整个平台的自我调节能力，更有平台上卖家的自我适应能力。

2. 电商平台的优势，不是传统企业的优势

如果自己没有几把刷子，即使走到再具优势的平台上，也不能保证你会"狸猫变太子"。

3. 在电商平台上，你更要学会控制成本

如今，电商平台的流量红利已经渐渐退去，传统企业别再奢望将商品放到网店里，就会有人疯抢。成本优势也不复存在，要承受高额的运营成

本、广告费、仓库配货费、物流费、推广费等，一个都不能少。而且，随着电商平台的增多，相互之间的竞争越来越激烈，平台上的卖家，还要面临平台频繁发动的价格战。

在成本高企、利润变薄的时代，你不仅要学会控制办公室租金、节省水电费，还要懂得减少市场开销。不是所有的推广都要花钱，现在有很多免费的线上线下推广方式，比如夹页营销，几乎不用你掏腰包。除此之外，还有微博、微信以及社区论坛等免费资源，只需要你花费心思，照样能够以低成本或无成本实现企业推广。

即使要花钱买流量，也要先掂量掂量自己的钱袋子，计算一下推广投入与产出。如果钱袋子不丰满，劝你不要学人家拼钱、拼流量。保存实力，才能有机会看到青山依旧、细水长流。

对已经有一定客户基础的商家，与寻找新客户相比，回头客更重要。

留住回头客，提高用户的持续消费能力，才不至于出现"一根管子向里注水，一根管子向外流水，池子永远都没水"的致命问题。

淘宝集市2皇冠店铺戎美，从来没有参加任何形式的推广或淘宝官方活动，净利润却达到五千万元，在2014年仍然快速增长。戎美依靠的就是老客户——戎美春夏款客户回购比例为40%，秋冬款则高达94%。

在戎美"掌柜"郭健看来，客户管理的关键核心是要制造买卖双方"互相的黏性"。新客户发现一家店铺，因为没有消费经历，难免会产生一种看客心理，犹豫不决之下难以发生实际购买。而获取一个老客户的成本，比得到一个新客户的成本要低得多。

为赢得老客户的支持，戎美把80%以上的精力集中于擅长的事情——生产和设计，而不是变着花样搞促销，以烧钱来引入流量。毕竟，推广成本的增加，可能导致商家在产品成本上想办法。而降低产品成本，牺牲的却是产品质量。没有质量，其他一切都是浮云。

## 创新内核：以时间、地理为平台

### ■ 以"时间"为平台

"时间"有时在平台战略中扮演着关键角色。近几年流行的真人选秀节目，就是以设计的时间轴来推动其演进的。中国的"快乐女声"以及"中国达人秀"，北美的"美国偶像"等均依循既定的时间轴，通过多重淘汰来增进节目效果，这类模式必须拥有非常严格的时间轴，所以发展进程的时间表都已精确拟定。从初步的淘汰赛，到让人选择的竞争者们通过特定规则争夺晋升的机会，以至最终的冠亚军争夺赛的高潮，全都经过了严密策划。在既定的时间内，诸多参赛者相互竞争，戏剧效果十足。加上媒体的炒作，短时间内收视率会激增。

例如，台湾地区第一届"超级星光大道"，开播时的收视率约为0.8%，到了总决赛时收视率已飙升至8.77%，增长了十倍多。而内地放映的"中国达人秀"也打破了收视率纪录，在上海创下20.46%的惊人数字，总决赛更在上海八万人体育馆举行，以前所未见的规模让大众亲眼见证冠军的诞生。该平台连接了想要成名的人们和充满好奇心的观众这两群人。拥有演艺天赋、希望成名的表演者们获得了大展才能的机会，而电视机前的观众也不须花成本便能得到快乐。那么在这种形式里，谁是"付费方"呢？

1. 广告

以有限时间的竞争为卖点，抬升收视率后，得以收取的广告费用比以往更加惊人。广告商是"付费方"之一，同时也是这类平台活动能够吸引的第三方群体。但另一个更敢要的概念，则是建立于"未来"之上的赢利模式。以时间压缩出来的激情氛围，能在以后转化为产业的利润。

2. 粉丝

主办单位、唱片公司等合作方为有意脱颖而出的新人进行包装，推出专辑或代言项目。此时，当初的观众粉丝之中，有一部分人将会成功转变为"付费方"，愿意掏腰包购买这些新星的唱片与代言商品。若经营得当，粉丝的比例会持续增加，而其转化为"付费方"的比率也将同比成长。

这是个相当有趣的现象：以时间为主轴、以比赛为核心的平台模式，多是补贴"现在"，让"未来"付费。

除此之外，公开比赛的模式还有个特点。传统的内容产业链自始至终多是依照直线惯性的三步骤程序来进行的——先发掘源头，接下来制作，然后营销。以演艺人员的成名过程为例，传统的方法是由经纪公司或唱片公司发掘他们认为有潜力的新星，第二步则为他们制作CD（光盘）专辑或节目，第三步才是吸引人们的关注，然而通过限时段比赛的平台模式，这一线性概念得到了另一种呈现：明日之星的发掘与营销同时发生，原本位于中间的唱片制作环节，被推向未来。这是由于参赛者们在激烈竞争、相互淘汰的同时，观众的关注度也将提升。随着系统淘汰掉越来越多的人、留下越来越少的实力与魅力兼具的参赛者，比赛越趋于白热化，观众通过口耳相传、网上讨论，使这种模式的营销效力如虎添翼。而我们看到，那些为胜出者量身定做的音乐专辑，则日后才会发行。不仅选秀节目如此，许多与创意有关的企业也开始运用类似的平台商业模式，达到了惊人的效果。下面，让我们看看北美洲的一个非传统设计公司是如何将时效性活动融入平台模式，获得巨大成功的。

中国达人秀、超级星光大道等选秀节目，将平台模式放在长达好几个月的时间轴之上。此外，高朋等团购平台还将时间概念转化为能够被个性化的元素，借此，商家可自行决定优惠项目将延续多久。不同的产业、不同的商品都能制定出适合自己的周期，推广时间可长可短，只要在团购平台上达到营销目的即可。

事实上，拍卖性质的平台企业都必须将时间元素视为生态圈发展的重要环节。国外的 eBay 便设立了广告跑马灯，越接近拍卖截止时间的项目，越容易得到置顶的曝光机会，吸引消费者的目光，诱导他们在最后期限以充满激情的心态去竞价。

可以说，若将"时间"元素融入生态圈的发展战略，可以有效地引发网络效应。这不仅是根植于生态圈基础架构之中的概念，也是生态圈能否成功发展的关键。

### ■ 以"地理"为平台

除了"时间"的概念以外，"地理"元素同样是许多平台模式必须慎重考虑的环节。事实上，许多企业将生态圈的根基与真实的地理环境相联系，这么一来，平台的触角将更坚实地深入人们的生活之中。

在线支付是拉卡拉成功的原因之一，它非常重视将 POS（消费终端）机推广到各区域的便利店，运用地毯式覆盖战略覆盖与人们生活高度相关的区域。

维络城在发展时期，也如火如荼地将终端打印机推往各大购物商城，并将其设置在人流最集中的交汇口。逛街购物的人们常会看到在商城最显眼的地方，立着高大的桃红色机座，那就是维络城的打印机。这些终端机仅供商户刊登折扣广告，而维络城只接受邻近的商家（必须在两公里的地理范围内）进驻，这样才能满足消费者的即时消费需求。

基于同样的道理，分众传媒令人耳熟能详的战略，正是不惜一切代价地"跑马圈地"。首先是以商业写字楼为地理战略，然后再覆盖白领受众群体的所有生活轨迹，将广告屏幕推入商场、机场、娱乐场所等地。积极地开拓地理区域为分众传媒带来两大优势：首先，终端屏幕布得越广，其接触到的受众群体越多，垄断的市场份额也就越多。其次，身为广告平台，分布的网络越广，能够拟定的广告配套设施则越丰富，也越有可能推出极具吸引力的个性化选项给广告商，并借此抬高价格。

## 十 "赢家通吃"竞争法则

赢家通吃（Winner-Take-All）是指市场竞争的最后胜利者获得所有的或绝大部分的市场份额，而失败者往往被淘汰出市场而无法生存。

形成"赢家通吃"的原因是信息产品存在"锁定"效应，即"由于信息处理与传播网络日新月异，那些占据高位的才智之士握有的筹码日益增长，留给他人的利益空间相对的也就愈来愈小。"

"赢家通吃"的可能性决定了平台竞争的激烈程度。平台产业中，平台商业模式存在的意义，是为了捕捉多边市场间的网络效应，借以满足不同群体对彼此的需求。它并非只是一个中介渠道，而更像拥有强大吸引力的旋涡，开启了多边市场间从未被发掘的动能，组织起庞大而复杂的生态圈。互联网、线下商家、手机终端，都有可能是平台生态圈的业务范畴。高度的网络效应增加了使用者进入平台的频率，因此提升了该平台的市场占有率。

如今，"赢家通吃"已经渗透到商业社会里的众多层面上。

### ■ 1. PC 操作系统

Windows 操作系统是个典型的平台生态圈，消费者与软件开发商之间有着强烈的"跨边网络效应",即个人电脑消费者越多,其吸引的软件开发商开发出与微软操作系统兼容的软件也越多,吸引的消费者也越多。

PC 操作系统平台上,大多数消费者使用微软操作系统后会促使下一个消费者也想采用微软系统,以方便彼此交换数据文件。软件开发商之间的平台效应是"D"型,即初始软件开发商希望一定数量的厂商使用相同的编程语言,所以软件开发员就会投资学习该语言,但如果过多软件开发商进驻,又会产生激烈竞争。另外,购买安装 Windows 的电脑对消费者而言是沉没成本,不久后想更换就需要另一笔大投资,而学习使用相同的操作界面也是需要时间的,这些都是生态圈的转换成本。在这样的前提下,微软的 Windows 一度占据 95% 的全球市场份额。

■ 2. 在线出版

网络小说的在线出版平台从初期便面临着各方激烈竞争的局面。从幻剑、龙空、大鹰等六家网络平台联盟共同对抗起点中文网,再到 17K 文学网站,再到今日的纵横中文网等,竞争态势激烈而混乱。

然而,此类型产业作者群与读者群,众多的作者吸引读者加入,众多的读者又吸引作者进驻平台。而大多数读者选择阅读哪部作品,一个重要的决定因素是该作品点击率的高低。一部作品拥有几百万的点击率足以说明书的可读性。起点中文网更是在此基础上,通过多种机制,提升作者群与读者群对平台的黏性。

因此,起点中文网已成为市场龙头,在利润方面也已占网络文学出版业 71% 的市场份额。

■ 3. 在线购物

同样,在线购物平台的买卖双方之间,虽然消费者不认识对方,但通过平台机制聚集的消费评价却开启了购物之门,使用集体对商家的评价在彼此间产生了高度的价值。同时,支付宝的诞生也为淘宝网大幅提升了转换成本,因此,在整个线上购物平台的竞争环境中,淘宝网跨越了地区的限制,占据了超过70%的市场份额。

### 4. 社交

社交平台对用户的转换成本相当高,因为每个人在上面发表的文章与相册、转载的影片、朋友间的对话等社交记录都将成为转换平台时必须放弃的东西。当网络效应爆发,这一产业将凝结成为强大的转换成本。可以想象,社交网络是"赢家通吃"的产业。在美国,Facebook的市场份额已超过65%,全球用户更突破了八亿人口,俨然是全球社交平台之首。在中国,"赢家通吃"的产业生态同样明显。开心网与人人网两个平台倾尽全力角逐产业龙头的地位。然而,人人网较早开放第三方应用的社交平台,以高额度的分成比例吸引开发商进驻,并成功于纽约上市,中国社交平台的竞争格局也发生了变化,转由人人网以46%左右的份额夺冠,开心网则不断流失市场,以37%的份额退居第二并持续下滑。

不难发现产业拥有天然的"赢家通吃"本质所产生的结果:市场只允许一个主要的王者称王,因此即使两个竞争平台同样优秀,它们却无法稳定地分得同一市场——在网络效应的强大作用力之下,它们的市场份额只能持续上升,或者持续下滑。

### 5. 团购

团购虽然缺乏具体的转换成本,但口碑一旦建立,就将成为最有效的用户黏性。这种设置最低购买人数门槛的平台模式,成功地在两方市场引发网络效应,让Groupon在美国的市场份额保持在50%左右,比第二名LivingSocial的20%高出了许多。

然而,当战场转往中国,局势发生了巨大变化。团购模式的核心要素，是以最低人数限制为门槛，促进人群呼朋引伴，以数量的汇总来换得可观的优惠折扣。然而，当数千家团购平台如雨后春笋般出现在中国，这个关键的机制被打破了：许多团购平台不再设最低成交人数门槛，一两位消费者加入购买时，网站便直接标示"团购成功"。或许对于许多平台企业而言，这是在竞争者泛滥的产业格局中，必须做出的生存决定（他们必须赚取一点一滴的交易分成，然而这种因恶性竞争放宽交易门槛的行为，却彻底摧毁了团购平台模式该有的产业优势——消费者根本不会留意产品的需求人数，只要选自己喜欢的产品订单就行了。换言之，恶性竞争扼杀了整个产业。在原本就缺乏转换成本的前提下，产业完全碎片化，不再具有"赢家通吃"的本质。如今，中国已有超过5000家团购平台各自分食市场的微小部分，规模较大的有拉手网、美团网、糯米网等。

### ■ 6. 旅游

有旅游需求的用户通过平台找到合适的机票与酒店信息，另一方面，机票与酒店客房又属于过了当天期限就浪费掉的产品，有多渠道推广的需求，但是该产业天然的转换成本都相当低。旅游产品属于个人产品，你的邻居买到便宜机票不代表你也买得到，而对机票酒店的品牌而言，彼此竞争的同时，消费者为了贪便宜，不会只浏览一个平台，通常都会在好几个平台四处比价。因此，该产业自然难以产生"赢家通吃"的现象。然而携程旅行网通过几个战略步骤，改变了自己生态圈的本质。比如，以积分奖励机制来提升用户的转换成本，广大用户能为酒店的品质进行评分，聚集消费大众的意见。携程旅行网还设立了附属平台"驴评"，以点评机制与社区功能服务为主，供用户分享旅游照片和心得，增强消费者的归属感，提升转换成本。

说到归属感，就不得不说说苹果公司。不知从何时开始，苹果每推出一款新产品就会在全球掀起一股热潮。各式新颖的MacBook（苹果笔记本）电脑、iPod（苹果公司音乐播放器）、iPhone，到2010年上市的iPad，全都结合了设计高度美观的硬件、多样化且完善整合的软件。除了令使用者爱不释手外，更在部分人群中掀起了宗教式的狂热，让他们成为坚定不移的追随分子。

这些人以最先进的电子产品打造数字生活，并以此为傲。苹果的巨大成功就在于，它打造了品牌与使用者身份之间的连接意识，能够让用户深深地产生共鸣，认为该品牌是自己人格特质的投射。产品是这股力量的实现方法，而惊人的销售量，不过是此现象反映出的结果。

然而，这种真实的归属感，并不仅仅来自品牌的表面效应。它与穿着名牌衣裳那种标签式的吸引力不尽相同。AppStore、iTunes等软件平台吸引了上千万应用软件开发商，在经过苹果平台的组织整合后，它们将一系列丰富的应用软件呈现于用户眼前。用户挑选自己喜欢的东西来安装，将自己手中早已爱不释手的产品更加个性化，完全属于自己一人。这种通过行动参与和自我决策所建立的归属感，才是根深蒂固的。

许多平台企业在制定种种机制的初期，往往聚焦在硬性功能上，而忽略了用户心理的软性层面。若能建立一套机制体系，协助平台用户对该生态圈产生归属心理，结果将相当惊人。

一切平台企业成功唤起用户的归属感，它已完成了两项重要任务：第一，用户黏性在无形中大幅提升，而且效果往往比强制性的捆绑有效；第二，这些拥有强大归属感的用户，很有可能成为所谓的"意见领袖"，自发地表达自己对平台的钟爱之情，为生态圈带来更多新用户。

那么归属感如何建立呢？用户的共鸣如何才能被激起？不同的产业有其不同的着眼点，并非所有企业都必须像苹果一样砸下大量的研发重金来制造漂亮的硬件或界面系统。聪明而有效的机制，同样能够点燃人们心中的火苗。能够潜移默化地激发用户归属感的方法之一，就是"赋予用户权限"的机制。

上述这些策略让携程旅行打破了产业欠缺天然垄断的本质，跃升为产业龙头，近几年保持50%以上的线上订购市场份额。

### ■ 7. 人才招聘

互联网招聘平台链接了企业与求职者双边群体，然而，无论对企业用户还是个人求职者而言，企业不喜欢在同一平台上彼此竞争、抢夺人才。求职者也不喜欢其他人的简历冲淡自己的关注度。当然，网络效应为平台企业提供了赢利途径，也就是增值服务，比如，让愿意支付的用户增加曝光度等。然而，这会使竞争格局碎片化，很难让一家企业独霸招聘市场。另外，此类生态圈天生缺乏对用户的约束力，转换成本极低，多数求职者都会同时在各个网站发布信息。这些因素加起来，使得"赢家通吃"的现象在线上招聘产业中并不明显。在这样的产业现象之下，前程无忧、智联招聘、中华英才网三大招聘平台连续好几年各据江山，竞争虽激烈，但谁都无法完全垄断市场。

### ■ 8. 购物商城

再来看看各大购物商城。它连接品牌商店以及逛街欲望的消费者，每个商城都是一个独立的生态圈。虽然商城本身几乎没有任何转换成本，但消费者随时想到哪儿逛街都行。例如，单单上海一座城市就拥有超过40家购物商城。同时，购物商城地域、空间的限制使得固定数量的商家才能够进驻，消费者希望逛街时去有点儿人气的地方，但是又不希望过度拥挤，需要排队结账。因此在拥有数家购物商城的城市中，任何一家都难以独霸，除非消费者和商家别无选择。

因此，我们看到，难以出现一家平台企业垄断的现象。那么若你的平台企业处于这样的环境之中，该怎么办呢？事实上，无论产业的天然本质是什么，平台企业只要有办法不断提升上述三个条件，就能比产业中的竞争对手更有优势，还有更多的市场掌控权。

### ■ 如何才能"赢家通吃"？

为实现"赢家通吃"，平台企业需建立相应的运作机制，确立核心定位，提高转换成本。确保平台生态圈拥有无限扩张的延展性。

在传统制造业，企业必须通过管理来设法降低成本。这么做会带来可观的竞争优势，因为一家传统企业销售给用户的每个产品都代表着既定的单位成本。企业通过压缩零件的费用、优化生产线、经销控管等方式，想方设法降低产品的成本。然而对于平台企业而言，生态圈初期的建设成本往往占很大比例，之后每位客户所代表的单位成本却微不足道。许多曾经适用于传统产业的策略也因此不再奏效，供应链的优化对于平台初始的商业建立成本并没有多大用处，对以极低的单位成本即可引进的新用户规模也没有太大影响。所以唯一能够负担平台的平均成本，且实现赢利的方法，就是用户数量的不断增长。这也是为什么规模的发展与成长在平台战略中永远是最重要的一环。而所有的用户增长策略，只有在生态圈拥有高度延展性的前提下，才能体现出效果。

平台企业进入高速发展阶段时，首要任务是确保生态圈能够毫无阻碍地扩张规模。审核生态圈的每个环节，大胆预测未来可能的发展态势，都是平台企业必须优先考虑的。而确立延展性的核心，则是将用户所追求的价值与功能"机制化"。如此一来，无论平台生态圈如何扩展或收缩，用户的需求都能得到及时满足。Faccbook或许从未想过自己的活跃用户数量会从最初的不到两亿，在短时间内，直线突破五亿。它成功的原因之一，正是因为生态圈无论规模如何，每位用户所获得的价值都可以直接复制。

平台商业模式的魅力就在于此——奇迹般的规模膨胀，可能降临在任何一家平台企业身上！

## ✚ 结论：借力"互联网+"平台资源才可能风生水起

为什么只有褚时健才能种出褚橙，而你却不能？

不是因为你不懂种植技术，也不是你种的橙子不够甜，更不是你的经历不够励志，说白了，你没有人家的人脉和平台资源。如果你种橙子，首先你能搞到几千万低息贷款吗？其次你能摆平当地七大姑八大姨的社会工商税务种种关系吗？还有，你能有王石、潘石屹、韩寒等大佬、大V为你"站台"，想尽办法给你输出满洒出来的正能量吗？

2003年当褚时健的橙园还没结出橙子，他还是个失败者时，王石就跑去哀牢山看望他。王石是企业界和媒体圈追捧的人，他那次拜访褚时健，被媒体热烈报道，而王石对褚时健作出的"跌到最低点的反弹力"的评价，也为褚橙打上"励志橙"的烙印，成为日后的大卖点。

日后，当褚橙大卖，媒体都在评论自己的励志形象时，褚时健会不经意地说上一句"王石的确是个好人"。历经人间无数人情冷暖的褚时健明白，王石的确是个好人，最起码对他很好。他懂得运用自己的影响力，为自己的老朋友造势。

"互联网+"无疑为草根登堂入室提供了更多可能，但是如果将其理解为屌丝逆袭的快速通道，你可能想得有些太多了。借助"互联网+"，偶尔确实有屌丝可以逆袭成功。不过，整体而言，"互联网+"反而加剧了马太效应，让强者更强，弱者更弱。它能够让有资源的人，将资源优势发挥得更加淋漓尽致。

而没有平台优势的你呢？恐怕喊破喉咙都没用。失去人脉等资源这个"1"，你拥有再多的互联网思维，也可能只是个"0"。

即使在"互联网+"时代，信息畅通无障碍，仅凭你一人的力量，想要发光发热还是很难。如果你没有资本"拼爹"，又没有其他资源，就要懂得借力优势平台。

也许有人会问，我能找到平台吗？有很多。互联网中就有百度、阿里巴巴、腾讯等大平台。互联网时代，这些互联网大鳄也要时刻提防被颠覆。他们已经懂得开放、共赢，愿意引入更多的优质资源进驻自己的平台，以产生协同效应。

百度越来越注重建设自己的生态圈。李彦宏已经开始将百度定义为平台公司："我们希望扮演一个开放平台的角色，使得所有的这些跟互联网有关系的这些公司，网站也好，能够跟中国互联网跟百度一起来进行这个成长。"

2013年，百度又推出了针对移动互联网的轻应用的平台化服务。用户无需下载，就可即搜即用。向来注重信息化建设的南方航空公司，在第一时间上线了自己的轻应用。

南方航空已经拥有自己的APP，为什么还要上线轻应用？一些除了购买机票，还需要对南航相关信息和动态做了解的用户，有必要下载南航APP，但是那些只有订票、值机等临时服务需求的用户，选择搜到就能打开的轻应用，是更对胃口的选择。

2014年9月3日，在百度世界大会上，百度又推出新秘密武器——直达号。这是百度在移动平台上为传统服务企业设立的官方服务账号。他基于移动搜索、@账号、地图等多种方式，可以让用户直达商家服务。比如，用户在"手机百度"APP的搜索框中输入"@海底捞"，链接页面会显示完整的海底捞服务项目，可以直接在上面点菜、订座、付款。

在移动互联网时代，中小服务型企业自建 APP，成本过高，还要投入成本扩大流量。开发微信公众号，比较潮，但是同样需要投入开发、找流量，而且无法实现灵活推送。直达号简单方便操作，给传统企业提供了更合适的选择。不过，传统企业到底会不会买账，还要看直达号的服务给不给力。

传统企业不仅可以进驻互联网平台，实体平台同样也有施展拳脚的空间。现在，越来越多的传统企业改变商业模式，由传统的产品销售转而将自己打造成扮演某种媒介角色的平台。在这块平台上，有形形色色的企业，他们通过彼此的交流互动形成一个生态圈，平台企业变成一个构建生态圈的人。谁要进入这个生态圈，都要交给平台企业门票。这样，平台企业就不再是纯粹的生产者或销售者，而是一个收门票的人。

诚品书店在台湾的旗舰店，台北 101 旁边的信义诚品，空间足足有四万平方米。一年算下来，仅租金就有 7300 万元。这笔费用，放在一些实力雄厚的大企业集团，估计都不能举重若轻，更别提作为"夕阳产业"的实体书店。在这个传统书店生不逢时的时代，一年的利润能够交得起房租，就算老天爷赏口饭吃。

诚品书店的做法是，自己做"二房东"，保留一万平方米，铺自己书店的摊子，剩余的三万平方米做商场，租出去给其他商品品牌。利用优越的地理位置和零售书城的口碑，诚品书店吸引顾客，然后引入艺术设计商店、美食街、精品特色小店等项目。

诚品书店吸引优质商店安营扎寨，这些优质商品又吸引更多顾客前来。诚品运用商业地产平台这一招儿，不仅活了下来，而且活得有滋有味。诚品书店化身平台后，再也不用担心纸质书利润稀薄，自己可以不赚钱，因为有三万平方米的"商场"在替他赚钱。现在，商场的营业收入远远超过书店，是诚品的主要利润来源。

平台就好比一个集市，人气是第一生产力。也如同一个新建网站，没有足够的流量，商业模式与盈利都是白扯。现在，已经成为平台的诚品，就是人潮的代名词，每年有1.2亿消费者"造访"。拥有这么高的人气，诚品书店活下去是难事吗？

注意，对广大中小传统企业来说，你要做的不是诚品，而是诚品平台上的那些小店，借助诚品这个人气足的平台，实现自己的逆袭。

平台模式不一定依托于互联网。有的企业可能会问，我们为何不自建平台？请问大多数传统企业是既没钱又没地的赤贫分子，开个小店都要借势，你拿什么建平台？

更何况，与万达广场划一块地、盖一座大厦、将各类商户吸引进来的传统平台相比，更加开放、更具成本优势、没有营业时间限制等诸多优势的互联网，是最佳的开放平台。在互联网肆虐的时代，连实体平台的带头老大万达广场，都在与阿里巴巴的比拼中，渐渐处于下风，你还敢不识时务地砸锅卖铁，学人家买地建立平台？

百度、阿里巴巴、腾讯BAT三巨头，哪一个不是守着自己的平台在赚大钱？

你暂时还不是李彦宏、马云或马化腾吧！现在自建平台，至少最近几年内，没有胜算。在互联网圈里，丛林法则盛兴。那些挥舞着大棒的互联网大佬，见到一个竞争者灭一个，或者招到自己的"麾下"，哪有你野蛮生长的机会？

有的企业也许会说，我们有超一流的技术，有秘密武器产品。保证"倚天屠龙"一出，便可号令众多企业，加入我们的平台。难道你的产品比微信还牛？微信出自腾讯，是名副其实的"富二代"，而且是一个既有才华，又有思想，更有用户缘的"富二代"。

即便如此，微信平台也花了数年的工夫，经历了多次创新升级，经过与陌陌、来往、易信等竞争对手的厮杀，才拥有今天的平台优势。至今，微信和腾讯仍辗转反侧，因为他们也不确定，第二天一觉醒来时，会不会被对手掀下马来。

在构建平台这条路上，寥寥数个成功案例，被人们大肆传扬，以至于成功显得如此容易。那些昙花一现，甚至还没显山露水就匆匆倒下的平台企业，才是大多数。在创业浪潮当中很多人都出逃，去建独立的B2C平台，但基本上全军覆没。即使是凡客，烧掉了四五亿美金，也很难说建起独立的B2C平台。

对传统企业来说，自建平台，不仅要面临血腥竞争，还要应对各种既烦琐又复杂的经营难题，稍有不注意，还有可能会死掉。不如加入现有的互联网平台，借助平台资源，反而可能风生水起。依附于平台，可能要遵守人家的规则，却可能活得更长久。

## 模式 4

# O2O 商业模式：实现虚与实、线上与线下的深度融合

## ✚ O2O（Online To Offline）背后

如果现在让你一句话说清楚 O2O，估计 90% 以上的人会说，O2O 就是 Online to Offline，即将线下商务的机会与互联网结合在了一起。让互联网成为线下交易的前台，百度百科也是这样说的。

但是真的定义清楚了吗？显然没有，因为有人一定会以"Offline to Online"是不是 O2O 来反驳。例如前几年著名的 B2C 电商网站 1 号店在上海地铁站设立了二维码电子标签的商品海报，个人消费者拿着手机通过二维码识别软件对着 1 号店的商品的二维码电子标签进行识别，识别后通过二维码识别软件解析到网址，手机自动登录该二维码电子标签指向的商品网页，于是在线上下订单完成交易支付。如果你坚持说这种"Offline to Online"的应用模式不是 O2O，估计很多电商从业者会不服气，恨不得和你当面论战。

有人说线上交易线下享受消费体验是O2O，很多互联网巨头企业都成立了O2O部门，这些部门主要按照这个定义来行使部门职责，那什么类似的业务是线上交易还是线下享受消费体验呢？显然是生活服务类的业务，但是这个互联网企业的O2O部门在干什么，是干线下生活服务类商户到线上电商开店的招商事宜。尽管还没完全理解透O2O，先把名占了，干点大家普遍认知的事，先干再说。

任何新概念的定义本身是件很难的事情。中国先哲老子的一句"道可道，非常道"就告诉我们：可以说出来的道不是绝对的道。当天下的人都知道"美"这个概念，就会出现对"丑"的认识。当天下的人都知道"好"的时候，就会出现对"恶"的认识。因此，万物皆如此，有和无在成长中相互依存，难和易在实践中相互依存，长和短在对比中相互依存，高和低在位置上相互依存，前和后在伴随中相互依存。O2O其实也是如此，线上（On line）和线下（Off line）是如何相互依存的，是定义O2O的核心关键。

### ■ 1. Online to Offline 模式（线上交易到线下消费）

这个模式目前非常常见，中国移动积分商城积分兑换麦当劳的项目上线，麦当劳淘宝旗舰店项目上线，这两个项目采用的就是这个模式。

从开始兴起的生活服务类团购，无一不是在线上完成交易，在线下用户消费体验服务，其中还出现了送礼的衍生模式，再加上创新工场董事长李开复振臂一呼"团购是很小的O2O"，于是，Online to Offline 模式一直被定义为线上线下互动（O2O）的主流，很多人都以为线上线下互动（O2O）就是这个模式。有人把十年前的携程等通过"线上定酒店、线下人住酒店"的模式重新对应，然后开始说O2O不是新的概念，早在十年前就有该模式了。

### ■ 2. Offline to Online 模式（线下营销到线上交易）

这个模式，其实在日韩早就流行了，十年前曾炒过一段时间，但当时智能手机没有兴起，直到后来智能手机和 3G 移动网络的普及，二维码模式兴起，很多企业通过在线下做营销在线上实现交易，这也是 O2O 模式。

### ■ 3. Offline to Online to Offline 模式（线下营销到线上交易再到线下消费体验）

其实最早的 O2O 是这个模式，电信运营商为留住手机客户，会在每个时间段进行营销，而且很多营销在线下触发，线上完成交易，然后客户在线下消费体验，最原始的活动设计就是个人用户线下看到海报信息后通过短信交互问答，到线上完成身份认证和答案认证，然后让个人用户去线下的商户完成消费体验。

## ✚ 大数据时代的 O2O 运营

在 O2O 产品被设计出来后，企业所定义的组织分工和职责都符合该产品的运营要求，该企业组织又有很强的运营支撑体系和基于该支撑体系的强大的执行力，那么还缺少什么呢？答案就是：运营！

运营是对运营过程的计划、组织、实施和控制，是与产品生产和服务创造密切相关的各项管理工作的总称。从另一个角度来讲，运营管理也可以是指为公司生产和提供主要产品和服务的系统进行设计、运行、评价和改进。

对于 O2O 企业而言，运营的数据存在于线上和线下，所以数据采集的系统形成很重要。采用类似电子标签和电子凭证的采集手段，对于线上数据，我们可以通过日志、数据库等多种数据综合分析，对于线下数据（如手机App、电子凭证、验证设备）也同样可以记录界面点击、功能操作的日志，并通过某种方式将记录结果统一收集和整理。可以这样说，只要我们能想到的要去分析的东西，我们都可以借助数据采集去逐个收集，并集中分析和处理。

数据化运营的各类指标可看作是一款O2O产品的体检表，一款O2O产品的好与坏、前后走势，都可以通过一份份的体检表明确梳理出来。有了这份体检表，所有工作将逐步变得有序、有效、有价值，从而可以更好地统筹项目资源，把最核心的人力、时间等资源投放到最重要、最核心、最有价值的内容上。

我们在大数据时代运营某个业务时，可以试着养成一个非常简单的习惯：在下班离开办公室前，写下六件今天尚未完成但明天一定要做的事；同时划掉昨天写下的今天要完成的六件事情中已经完成的条目。由于每个人运营的业务不同，要针对自己运营的产品内容做很多具体的数据统计和分析，不管什么样的数据分析，无非涉及以下问题：

- 做这个数据分析的目的是什么？
- 要达到这个数据分析目的，以何种分析方式是最简单、最容易实现、最高效的？
- 数据分析出来的结果，如何通过其他方式进行验证（证实或证伪）？
- 更进一步来讲，如何让分析结果指导业务运营目标？

而只有把分析结果应用到了业务运营目标中，才算是达到了我们的最终目标。数据化是O2O业务运营的神经系统，它的作用绝不仅仅是让管理者拿来做一份漂亮的PPT或报表，它最核心的灵魂在于让产品运营者结束无谓的争论，不再受人任意忽悠，而是在于让我们触摸到产品真实的情况、遵循客观规律、改进不足和盲点，并最终把O2O业务通过运营带向成功。

### ■ O2O 与大数据这座金矿

O2O 的数据化运营一定会产生很多的大数据，O2O 是如何挖掘大数据金矿的呢？

大数据目前是自云平台以来最热的概念了。随着社会化媒体的兴起，针对互联网用户数据的分析、营销、挖掘的产品越来越多，大部分是在为企业服务，或者用于进行自身产品的推广，比较经典的案例就是美丽说、蘑菇街，而最近走红的"啪啪"更是依靠着新浪微博的用户关系迅速发展用户，每天达到上万的下载量。

随着移动互联网的到来，每个人可能拥有不同的终端，从 iPad、手机到其他各种接入到互联网的移动式终端的广泛应用，在移动终端上产生的信息越来越多样化。文本也好，图片也好，语音也好，视频也好，多点信息也好，结构也好，非结构也好，使用频率非常之高。虽然在 PC 互联网上，目前的数据量肯定比现在移动互联网更大，但是较之 PC 互联网，对现在的移动互联网来说，数据本身的价值在于更完整和更生动地去描绘了一个互联网用户的生活轨迹。打个比方，在 PC 互联网上可以知道，你可能对什么感兴趣，而到移动互联网时代，我可以知道你每分每秒在干什么，因为你一直在线。

所以，相比 PC 互联网的大数据，移动互联网上的大数据具有以下几个特征：

- 数据的核心节点是人而不再是终端、网页或 ID。
- 动作更加实时性。
- 行为更加碎片化。
- 带有地理位置信息。

那么作为生活消费的移动互联化的O2O，包含着几亿的手机用户、几千万的线下实体商店和线上商户，这么多的用户时时刻刻都在产生各种各样的文本、视频、图片、地理位置等各种非结构信息，这么多商户每天在卖出几十亿的商品，产生几千亿元的交易金额。

现在很多企业在利用微博和微信这些O2O社会化营销渠道进行营销，诸如转发有奖、新品试吃等活动。

O2O就是移动互联网的商务模式，拥有的数据也非常吻合移动互联网大数据的特点。在移动互联网模式下"二维码+消费者账号体系+LBS+支付+关系链+商品碎片化+渠道碎片化+业务匹配模式"的O2O体系在未来几年内将越来越成熟，并初见规模。碎片化的时代产生了碎片化的数据，而这些碎片化数据存在于不同的企业中，因为O2O大数据将存在于不同的渠道商、内容商及O2O企业中。

想象一下，如果这个O2O大数据在不同企业中进行数据开发，将会爆发出多大的能量？创造多大的价值？那么，O2O如何挖掘大数据的金矿？个人觉得未来至少有如下表中的几个方向：

**大数据时代的O2O发展方向**

| 方向 | 分析 |
| --- | --- |
| 商品内容发布到更精准的O2O渠道 | 线下商户的商品内容或线上商户的商品内容通过O2O大数据渠道分析平台，可以更精准地发布到不同的O2O渠道中去。比如，一个上海莘庄地区的某美发店刚开业，通过O2O大数据渠道分析平台的推荐，将某款美发服务产品快速发布到搜房网上海莘庄社区的网站；再比如刚入住携程M的某录区，利用平台推荐，快速将该录区门票发布到线下离该策区50千米的区域 |

续表

| 方向 | 分析 |
|---|---|
| 加油站线上渠道 | 渠道更精准的匹配商品。同理，线下渠道或线上渠道，无论是传统电商、自媒体的社交网络（微信、微博）都可以利用O2O内容匹配分析平台将产品或服务推荐给不同的渠道商。无论是渠道商还是内容商，都可以通过消费者使用业务（本质是内容和渠道匹配关系）的情况分类出不同层次的CRM客户群。比如，同样是加油卡业务，对于加油卡的内容提供商（某石化公司）来说，可能卡车司机是他们的VIP客户；而对于加油卡的渠道提供商（电商网站）来说，可能30~40岁的有车一族是他们的VIP客户 |
| 自媒体应用 | 随着自媒体营销方式的应用，用户为生活而消费的个性化需求不断提高，各种基于图片、文字、声音、视频的应用将会层出不穷。比如为媒体制作一个图文混排模板，可能还带上视频、音频、后台系统，还可以做数据分析等 |
| 新型O2O关系链网络 | 通讯录、微信好友、微博密友开始融合在一起，里面也不再仅仅是好友和家人，还有同事、客户、名人、粉丝、企业等社会关系在里面，在生活消费领域，一定会形成新的O2O关系链网络 |
| 涉及O2O领域的企业新营销变革 | 涉及O2O领域的企业，不仅仅是线下商户和线上电商，还包括涉及生活消费的民生领域的企业，如运营商、银行、广告商、水电煤供应商、社区、邮政局，甚至政府。他们传统的销售和市场部门，在营销模式上是相对分割的，随着O2O电子凭证和电子标签的到来，整合的营销变革即将到来 |
| 基于地理位置的商家模式形成 | 目前基于LBS（地理位置）的应用相对简单，消费者查找附近的商家活动、位置导航这种模式将会在近期内快速发展，更多的商家、更好的体验，这绝对是个无边界消费的O2O模式 |
| 基于消费行为分析的精准推荐 | O2O通过对消费者消费行为的精准分析，选择不同的商品内容（实物或权益）、不同的渠道（户外或家庭）、不同的业务活动（交易或广告），给需要的人发送需要的信息，这部分也将成为O2O大数据的价值发现 |

在这个大数据爆发的时代，每个人的行为规律都被记录成数据，都可以找到规律，做出分析！随着O2O新商业模式的不断演进，O2O的大数据将会越来越丰富，这一切离我们不远了！

## ➕ O2O 与二维码的前世今生

在移动互联网领域中，为什么手机二维码会被布局O2O的互联网巨头和草根创业者广泛使用呢？在线上的虚拟世界和线下的现实世界的互动中，为什么手机二维码能够自由地出入这两个世界呢？

### ■ 线下到线上的"入世"之路

所谓"入世"，"世"是指线上虚拟世界。

为什么大家会把O2O和手机二维码放在一起进行热议？O2O是一个生活服务移动互联网化的过程，本质是线上虚拟世界和线下现实世界之间互动的新商业模式。既然是互动，就存在两个"出入"的桥梁：其一是从线下现实世界"进入"线上虚拟世界，其二是从线上虚拟世界"出来"回到线下现实世界。我们把这两个桥梁分别定义为O2O的"入世"之路和O2O的"出世"之路。

以前消费者主要是通过PC设备与线上虚拟世界进行互动，现在越来越多地通过诸如智能手机、电视设备、车载设备等不同于PC的设备与线上进行互动。随着智能手机普及和3G移动网络的建设，智能手机是除PC外与线上虚拟世界交互的最常见设备，被大众所使用。

我们来看一下手机是如何与线上虚拟世界进行交互的，十年前靠按手机上的按键上网，按手机键和敲PC键盘、点击鼠标在本质上是一样的，但这种按键输入方式不是人的最原生态触发行为。

几年前，伟大的乔布斯在开发 iPhone 手机时，感悟到符合人类原生态触发行为的六识。所谓"六识"，是指眼识、耳识、鼻识、舌识、身识和意识，也就是常说的视觉、听觉、味觉、嗅觉、触觉和直觉。乔布斯根据禅学中"直见心性"的道理，将触觉行为引入到手机输入方式中，使人们通过与手机的接触行为（比如滑、点击、碰、摸等）快速进入线上互动。

1. AR 与 VR

2010 年，Augmrnted Reality（增强现实，简称 AR）受到业内越来越多的关注，可以算是 Virtual Reality（虚拟实境，简称 VR）中的一支。所谓 Virtual Reality 是运用计算机仿真科技产生一个三维空间的虚拟世界，为使用者提供真实世界中关于视觉、听觉、触觉的模拟，使用者可以和这个空间中的事物进行互动，可以随自己的意志移动，并具有融入感与参与感。不过和 VR 略有不同，VR 是创造一个全新的虚拟世界出来，而 AR 则是强调"虚实结合"。从这个角度来讲，O2O 也可以解释为利用 AR 技术的生活消费领域的新商业模式。

AR 把虚拟的图像和文字信息与现实生活中的景物结合在一起。从 2010 年开始，很多 AR 应用已经在 Android 和 iOS 智能手机上纷纷亮相，呈现效果让大家惊艳不已，甚至有评论网站指出，这是当年最热的 Web 趋势之一。

AR 有三个要素：一是结合虚拟与现实，二是即时互动，三是 3D 定位。

所以要达到 AR 的虚实结合，使用者必定得透过某种装置来观看。早先大部分的研究主要是透过 HMD（Head – Mounted Display，头罩式的装置），该技术大概分成光学式（Optical）与影像式（Video）两种。前者是一种透明的装置（像是柯南的眼镜之类），使用者可以直接透过这层看到真实世界的影像，然后会有一些另外的投影装置把虚拟影像投射在这层透明装置上。另外一种是不透明装置，使用者看到的是由电猫处理好、已经虚实结合的影像。谷歌推出的 Google 眼镜，就是利用 AR 增强现实技术，达到人通过眼镜实现虚拟与现实交互。

2. Google 眼镜

自从乔布斯推出了 iPhone 智能手机，AR 的样貌改变了。头戴式的 HMD 还是太麻烦了，而目前智能手机同时具备电脑计算能力、录影、影像显示，还有 GPS 导航、地图软件、电子罗盘、重力感应器、加速传感器、光线传感器、距离传感器、网络连线、触控、倾斜度侦测等额外功能，而智能手机价格也逐渐亲民化，于是以智能手机为平台的 AR 研究越来越多。

如同现实世界中关于视觉、听觉、触觉的模拟，快速与线上进行互动，比如苹果的 Siri 技术聚焦在听觉，谷歌眼镜技术聚焦在视觉上。但是，无论是模拟视觉还是模拟听觉的 AR 技术，目前的应用都在与线上虚拟世界进行"耍酷式"的互动，而 O2O 线上线下互动是商务行为（营销、交易和消费体验等），商务行为相对严谨，所以这种耍酷的方式显然不适合。

根据线上虚拟世界的商务规则，通过编码手段将商品等信息编成一个二维码图形，放在线下现实世界随手可得的地方，结合一些真实的营销环境和手段，吸引消费者利用手机去扫描二维码，快速实现线下现实世界到线上虚拟世界的互动，实现线上虚拟世界的"入世"之路。

二维码的倡导者开始鼓吹的"二维码是移动互联网的入口"论就是基于这个道理展开的。其实本质上，模拟视觉的 AR 技术是一种演进过程，目前受条件限制，无法大规模用于虚实互动的商务行为中，因此采用了加工后的二维码图形作为 O2O "入世"之路（而二维码解决快速输入、多屏幕输入等问题），如果 AR 技术未来继续演进，图形识别也可以被快速应用，那么二维码作为线下现实世界到线上虚拟世界"入世"之路也将被取代，这毕竟也只是人机交互中人的原生态触发行为的演进过程而已。

如果说人机直接触发的是线下现实世界到线上虚拟世界的入口，那物与物交互的触发也是一种入口，这就是业内一直对比的 NFC 技术之争和手机二维码，如果线下环境采用电子标签，手机通过 NFC 技术快速识别线下环境的电子标签，这种入口也是很合理的，而物与物交互，无须讨论人的"六识"，但人机交互比物物交互的成本更低且更具有智慧性，这也是电子标签没有在 O2O 领域被热炒的原因。所以，"入世论"本质是"入口论"，也是线下线上交互的触发论，手机二维码电子标签的入口论也不外乎于此。

在业内对手机二维码电子标签业务是倡导还是封锁在争论不休时，突然另一种声音出来了：手机二维码不安全。这是怎么一回事？手机二维码安全吗？

如今，外出吃饭，拿出手机扫描一下餐桌上印制的二维码，就可知道这家餐厅卫生有没有达标、好评如何、哪几道菜最受欢迎；到景区游玩，只需凭借二维码就可省略买票、验票步骤，"刷"一下就过关……不知不觉，手机二维码电子标签业务已经渗透到生活的方方面面。大家在享受便捷的同时，因二维码信总被解码造成个人隐私泄露的事件时有发生。

于是人们会问：手机二维码安全吗？

其实这个不是问题，过分扩大这个安全问题往往有很大的商业炒作成分在其中。我们现在都知道二维码编码只是将信息生成二维码图形的行为，所以所谓的手机二维码安全问题只要清楚这几点：

1. 编码平台的安全性

现在的编码平台商都是中国移动、腾讯（微信）以及专业从事二维码编码软件开发的厂商等，这些编码在厂商制造时是安全的，因为他们不可能拿企业信用做赌注。而且这些企业的编码平台本身是开放的，需要编码的企业或个人最好选择这些企业开放的编码平台进行编码,不要随便下载个人编写的编码软件进行编码。

2. 信息本身的安全性

编码前的信息本身带毒,比如钓鱼网站的信息。对于这些信息,即使不用编码直接输入网址,其实本身也是不安全的,手机安全软件就是解决这个问题的。输入的网址本身就不安全,为什么不说不要随便上非法网站反而说手机二维码不安全呢?因为,手机二维码太热了,导致很多人见码就扫,所以鼓吹"手机二维码不安全",然后用带手机安全软件的扫描软件来给出解决方案,这样的商业炒作味道太浓了。建议大家扫码前要看一下线下的二维码环境。这个道理很简单,去扫贴在电线杆上的二维码和看到电线杆上的电话号码直接拨,本质是一样的。

信息本身没问题,但是隐私需要加密?铁道部实名制后的火车票的二维码会使乘客个人信息被盗取,是由于铁道部在推出带二维码的火车票业务时没有考虑到加密的问题。一般对于需要加密的信息业务,企业基本上在编码前就会考虑加密。不久前,铁道部在火车票的二维码上做了信息加密。

以下是一些关于手机二维码安全性的问题:

和输入网址等方式一样,手机二维码的确存在扫码安全性的问题。因此,建议为手机装一个手机安全软件。

最重要的是,不要养成见码就扫的习惯,还是要视营销环境、营销厂家等情况来扫码。

关于隐私信息加密,企业一定要把事情做细致。二维码编码只是将信息编成二维码图形的行为,二维码编码本身不带加密行为。因此,如果是隐私信息,请在编码前加密。

■ **线上到线下的"出世"之路**

互联网的诞生给现实世界带来了前所未有的变化，电子化、数字化、虚拟化的不断发展，使人们的行为习惯和企业的商业模式发生了翻天覆地的变化。

然而过去的十年，其实是年轻人在互联网不断探索的十年，类似于我们就互联网和父辈们交流，他们对互联网的态度一开始是不屑一顾的，在他们眼里互联网上面充斥着子虚乌有的东西，他们甚至认为互联网毫无价值可言。在他们的眼里，互联网是个看不见摸不着的东西，他们不知道通过一个屏幕、一块键盘和一个鼠标所连接起来的网络具有什么现实的意义。而互联网这十年的发展，从仅仅是信息集散地到发展出新闻门户、文学原创、音乐和视频分享、网络游戏、社交网络和电子商务，改变就悄然发生了。

电子商务是一个改变多层次群体的线上商务模式。尽管年轻人疯狂地在网络购物和沉迷于网游，使父辈们认为这是年轻人越来越宅的主要原因，但互联网商业模式在信息快捷、交易方便等方面的优势也开始吸引父辈的目光了。

线上虚拟世界最先被创造出来的本意是打破信息鸿沟，让不同地域、不同需求的人在平等的信息交流中得到满足。由于虚拟世界的不见面性，因此在中国，电子商务通过解决信用评价机制和交易担保机制，使网上购物有了规则和约束。尽管目前淘宝上假货还是不少，有时还爆出"店小二腐败"的问题，但线上机制完善的力量和人们随时随地了解线上信息的期望，使越来越多的人相信生活服务类商品在线上和线下的商业互动（O2O）在未来几年将越来越多地进入每个人的生活。如果说纯线上商业的B2C造就了"宅男宅女"，让他们窝在家里，那线上线下互动的O2O显然将会解放"宅男宅女",让他们从家里积极走出来。

线上线下互动,还要解决的是基于契约精神的平等信任关系。在这方面,SNS 的运作方式是一个很好的启发。第一,SNS 并不是中心控制系统,而是一个对等网络;第二,SNS 可以是一个网际网络,也是由熟人小圈子的不断扩展而形成的大圈子(例如 Facebook);第三,在 SNS 中,一个人的行为变化可能内生于周围的人际关系。在 SNS 中,信任的成本极低,这里不存在用了很多年才建立起来的种种信用制度,只是基于一种自然而然的结构关系,信任就自动达成了。这就带来一种新的信任简化机制。

我们看到,在电子商务中,诚信机制的基本面正在发生变化。出现的是在复杂系统中降低简化成本的演进方向。这些演进正沿着以下方向发生:建立从熟人网络依次扩展的结构,使商业系统生态化等。这时候,除了正式制度外,要想改变信任关系的基本面,当务之急是在新技术革命的背景下,恢复和重建被破坏的短距离人际网络,以产生复杂系统建立信任关系所必需的社会资本。当然,什么事都可能有意外!新浪在微博上刚推出"加 V"认证,就出现了严重的"加 V"造假现象。

在纯线上的商业模式中,淘宝采用了信用评价手段和交易担保机制,于是支付宝就出现了。那么在线上线下互动中,需要什么机制呢?商业信息的制约和无中心化可能是目前线上线下商务互动比较好的解决诚信机制的问题,我们通过线下与线上的交互,在线上开展了商务行为,产生了记录这些商务行为的信息,这些记录商业行为(企业对企业、企业对政府、企业对个人、个人对个人等)的信息,在线下的现实世界中会叫做什么?凭证!会计学的专业术语称"原始凭证"(相对于记账凭证)。原始凭证是在经济业务事项发生或者完成时填写的,用来证明经济业务事项已经发生或者完成,以明确经济责任并用作记账原始依据的一种凭证,它是进行会计核算的重要资料。

在线下的现实世界，我们看到的原始凭证很多都是纸质类的。随着互联网技术和智能手机的发展，将人们在商务行为中发生的原始凭证由智能手机来承载，已经成为共识。当然在智能手机没有兴起的时候，用一些IC卡、芯片卡等来承载原始凭证也是一种方式。那么消费者消费行为中的原始凭证主要有哪些呢？其包括发票、提货单、保修单、送货单、收据、保险单等。对于这些原始凭证，其实又附加着一些其他信息：商品信息、业务信息、个人信息、品牌广告、维修信息等。因此，电子化凭证，好像天然为线下现实世界和线上虚拟世界的O2O互动时代而生的一样，它已经成为不可或缺的环节，这就是电子凭证存在的价值。

如果说二维码电子标签更多考虑的是人机交互的触发行为，人机交互是O2O的"入世"之路，那么电子凭证更多的是考虑线上与线下互动中商务信息的快捷、分散和安全性，是O2O的"出世"之路。

## ✚ O2O与电商：大战后的线上线下风光

电商的本质到底是什么？很多人可能会笑，电商已经存在十多年了，还在问这么愚蠢的问题。但实际上，关于电商本质始终有如下表中不同的几种声音：

**关于电商本质的几种声音（观点）**

| 观点 | 分析 |
| --- | --- |
| 电商的本质是零售模式 | 毛利率不是最重要的考虑因素，是现金流的游戏。沃尔玛净利润的很大比例来自于账上资金的短期投资，问题的关键是这种企业只允许有1~2家 |

续表

| 观点 | 分析 |
| --- | --- |
| 电商是由互联网产出的一个框 | 电子商务实际上是"互联网时代的商务"的总称。回到三年前的电商市场,大家跟十年前卖书差不多,就觉得这个行业从模式上来说是白干了。卖水有卖水的方式,卖咖啡有卖咖啡的方式。互联网时代,这些不同商务方式从生产、物流到零售整个环节的流程,都要从头再来探索和沉淀 |
| 电商的实质还是要挣钱 | 但是电商的出现打破了做代理或做渠道的目的是为了挣钱的行规,有点"杯具",有点滑稽,但很正常,因为资本市场的存在,它们就是不以盈利为第一目的,而以大规模的交易为第一目的 |

那么电商能赚到钱吗?电商不是不赚钱,而是你还没有找到赚钱的门道和时机。如何赚钱?有人认为是选择渠道还是品牌的问题。

当我们要把商品或服务放在线上让消费者进行交易时,现在的电商环境已经很丰富,你可以去天猫、qq 电商等很多开放电商平台。几年前,线下零售企业触网还在拘泥于自己建设电商网站,还是去电商网站开店这两种矛盾中。现在这个问题已经变成对商品销售的线上引流,其实是线上营销行为,而不是线上交易行为。

随着各类网站建设工具和第三方支付工具层出不穷,线上交易行为已经不是你所关注的核心点了。因此,不管是自己建设线上垂直网站,还是去开放的电商平台开店,本质就是你的商品如何被引流进来。自己开发线上垂直网站,首先是对自己网站的引流,完成对自己网站的引流,自己商品的引流就不是问题了;在开放的电商平台开店,对那个开放平台的引流,不用你考虑,因为它的存在,关键是如何采用社会化营销手段把那个平台上的人流引导到你的商品上去。

引流,本身就一个线上营销行为,它包括五个阶段:

**引流的五个阶段**

| 阶段 | 分析 |
| --- | --- |
| 让用户知道 | 知道目前最佳的引流方式其实是传统广告，不管是平媒，还是户外广告，只要简单几句话，对你要说的那个事情或商品，消费者有个印象和概念即可 |
| 让用户者了解 | 了解目前最佳的引流方式就是线上广告，因为了解是相对具体的工作，传统广告的简单性优势就失去了，所以通过线上广告或者直接推送到智能手机让消费者来看，是一种不错的选择。为什么目前二维码拍码兴起？就是因为在传统广告的简单性模式上加入自动扫描进入了线上广告的复杂性模式，这种拍码就变得很自然了。由于拍码软件技术门槛比较低且开放，因此，消费者很容易进入这个了解模式 |
| 让用户信任 | 信任比了解更复杂，因此很多的营销企划均在于此，比如买什么送什么，参加什么活动送什么，参加什么活动抽什么奖，如何得到优惠等，营销企划活动是消费者建立信任的关键 |
| 让用户交易 | 线上交易目前已经很成熟了，比如，商品信息发布（商品排列）、下订单（购物车）、支付（线上支付还是线下支付）、客服、培训等 |
| 让用户分享 | 分享使消费者消费的商品或服务的效能放大，直接反馈到另外一个消费者的了解阶段。这几年社交网络广告收入强劲增长。在中国，最新发布的企业微博白皮书显示，已有超过13万家企业开通新浪微博，其中29%的世界500强企业和41%的中国500强企业均已入驻，进行基于微博平台的社会化营销，微博广告存在着巨大的时长需求 |

我们看到，在分享和了解阶段直接反馈，导致知道阶段变得非常轻了，未来的广告将集中在品牌广告、搜索广告和社交广告上，而传统广告仅仅由于知道阶段的优势，估计仅侧重于品牌广告，搜索广告和社交广告将在线上线下互动中使广告整个行业发生全新洗牌。

### ■ 我们目前所处的商业环境

产品、服务和价格，是影响消费者购买和体验的三个需求。如果消费者在对生活必需品的选择中，一味追求低价格，而完全不考虑产品和服务的话，这个商业环境是可悲的，无论是对线上电商，还是对线下零售商而言。可惜，我们目前处于这样的商业环境中，围绕消费者的需求而来，消费者第一的需求就是低价格。如果线上价格比线下低的话，那么消费者凭什么到线下店来？低价的促销是长期的。

无论日本还是美国，相对成熟的市场线下零售业实体店仍然占总量的80%左右，而线上销售渠道作为差异化需求的补充，约占市场份额的20%。美国最大的家电连锁企业百思买，其实体店的销售规模占整体销售规模的95%，其线上电商仅占5%。更多的消费者还是愿意享受在实体店购物过程中的体验，有的时候上街买东西是没有什么目的的，网上满足不了这种乐趣。

既然线上很难取代线下，而且线上和线下具有自己独特的优势，当线下和线上相结合，实现信息、采购、物流、配送、仓储、体验和供应链合作等资源共享时，它将成为最有价值、最具竞争力的零售企业发展模式。

消费模式最终会影响行业的发展。随着个性化消费需求的增长，线上购买模式已成为一种不可逆转的消费潮流。同时，线下平台也具备线上不具有的消费者零距离体验优势、导购的信息支持优势、用户省心和售后服务的优势。

所以"线上线下同价"对电商也好，对传统零售企业也好，说起来容易，做起来难，需要一个长期的过程。要实现这个目标，就需要：

1. 重构供应链

这是天使投资人克里斯迪克森的说法，比如，绕过供应链中的一两个中间环节，涉及的自有产品由合作伙伴负责生产，然后直接在网上销售。其结果是，有能力同时获得较高利润、严格控制的现金流和较低的零售价格。当利润率和价位方面的颠覆很可能足以给传统电商企业和传统零售企业可乘之机，这些企业才可能提升品牌形象、探索新渠道等。

2. 拥抱低利润率

不再承担库存与价格风险，而是通过商城模式扩大规模。当然，这也不是万应灵药，提高线上"流量"也绝非易事，而且淘宝已经走在前面了。

3. 独特的 CRM 能力

移动互联网已经到来，智能手机、平板电脑购物体验的消费性与休闲性，使移动商务成功运作的唯一方式是提供适合移动形态的产品种类。这又意味着不依赖那些强调库存管理的商品，而是主打"发现期"产品。移动用户不喜欢打字、很少搜索，他们在电子商务网站上寻求的是浏览式购物体验。

4. 把电商概念无限化

利用电子技术的商业模式。那 O2O 肯定就是电商概念的一种，因为 O2O 本身就是线上线下互动下的新商业模式。我们大多数时候所指的电商是狭义的电商概念，就是在线上购物的商业模式。那么，在这个基础上，我们来审视 O2O 和电商在某个点上相结合，是可以引爆的。

# ✚ O2O 社会化网络营销破局之路

O2O 社会化网络营销是通过社会化网络，以创意的营销内容，让消费者交流，实现品牌和消费者的双向沟通对话，建立消费者与品牌的长期互动关系，从而提高品牌的口碑和销售，同时通过消费者的参与和消费体验，影响并带动他们的朋友参与购买或讨论，形成品牌认知，所以社会化网络营销关注让品牌更有认知的营销内容。

O2O的社会化营销是基于社会化网络营销的，在社会化网络营销的基础上，它更关注利用网络和终端这两者，如何将碎片化流量和碎片化内容相互进行投射行为，找到自己的目标客户。

先来看两个场景，如下表：

**O2O的场景举例**

| 场景 | 分析 |
| --- | --- |
| 场景一 | 我通过当当网搜索某本书，看了该书的介绍，订购了此书，然后在新浪微博上分享此行为。很多好友看到了，转发了我的微博 |
| 场景二 | 我在地铁站看到当当网该书的宣传海报，通过手机二维码识别购买了此书，并通过新浪微博分享了此行为，很多好友看到了，转发了我的微博 |

第一个场景是典型的社会化网络营销。很多人转发我的微博，更多关注的是这本书，而不太会是我的行为，他们在转发时更多地会这样说："这本书写得如何？""你怎么喜欢看这样的书？""我是不是也要去买一本？"

第二个场景是典型的O2O社会化网络营销，很多人在转发我的微博时，除了同样地问第一个场景中的问题外，还会关注我的行为，他们在转发时更多地会这样说："你真好学，逛街不忘买书。""这本书放在哪个地铁口呀？"

O2O社会化网络营销更注重客户行为和营销内容的无边界结合，它的直观理解是在任何地点、任何时间能够跨越线上线下、无边界地倾听客户声音，了解客户，并快速、有效地回复和满足客户的需求。因此这两点才是 O2O 的社会化网络营销所考虑的，所以，它首先是社会化营销，其次才是在此基础上关注消费者行为如何和社会化营销内容相结合，这些对消费者行为的关注需要注意以下要求。

- 用户行为要与营销内容产生关联性。
- 用户行为要与营销内容产生共鸣性。
- 用户行为要与营销内容产生娱乐性。
- 用户行为如何跨越线上线下与营销内容无边界地互动。

■ **企业如何实现 O2O 社会化网络营销？**

线下零售企业"触网"的套路是先自建网店，或者放在开放电商平台（天猫或京东等）上。无论哪种方式，要么对网店进行引流，要么在天猫或京东的大流量下对商品进行引流。这些都是按照传统电商的线上引流方式去引流，所以网上零售的营销引流费要么被百度、360 网址导航拿走，要么被天猫的直通车、淘宝客 e 拿走。线下零售企业触网一开始就按照线上电商的套路出牌，所以"找死"是必然的，"不死"是偶然的！

线下零售企业触网应该先这样做：

传统制造企业去天猫开网点，需要建网店、装修网上门店，然后参加再引流。如果你是传统零售商，线下已经开了门店，那么你去线上开门店本来就是错的，因此首先要商品引流。

按照传统电商的营销引流，比如直通车、淘宝客等，引来引去都在网上玩。如果你是传统零售商，应该懂得引流就是营销的道理。线下营销你玩了很多年了，只是不知道线上线下如何引流，所以一直被线上的电商忽悠，要从网民在购物时干其他什么事这个角度来考虑引流。请记住：零售企业触网首先考虑的是吸引消费者注意力，而不是网上引流的方式！

O2O 社会化网络营销渠道，至少有三个方向可以参考：

1. 大企业采购的 B2B 渠道

把线下商品卖给移动、电信、银行、保险这样的服务大企业，让他们用线下商品做客户关怀、实物营销和积分兑换。在以前，那些企业受制于物流和配送，不可能真正把实物商品放到他的营业厅来发放，所以采用了发放实体代金卡或联名信用卡的方式。现在，O2O 的电子凭证已经使线下商品"数字化"，可以和这些企业的积分商城、网上营业厅打通，甚至在很多银行的手机银行网站就可以买线下商品了，这些都是"触网"的渠道。

2. 中小企业采购的 B2B 渠道

大企业有这个营销需求，小企业有福利、销售员送礼品这些人情需要，他们的 HR 和行政力量又弱，怎么办？一直买代金卡有点不合适，把线下商品数字化后，可以放入各区域开设的网站进行销售，当然关于渠道分成费和服务费，可以建立协商机制。

3. 社会化营销渠道

社会化网络有微博、微信、视频网站、音乐网站、SNS、论坛、博客等，线下营销渠道有地铁、广告牌、小传单等，现在有二维码电子标签的识读方式，利用二维码应用进行扫描二维码，然后实现支付、购买和物流配送的拍码购，结合二维码电子凭证方式引流到实体门店。

## ✚ 结论：重新审视企业的 O2O 组织力

如今移动互联网进入了"互联网+"时代，而移动互联的特点就是碎片化、移动化和去中心化，用户通过移动互联网碎片化方式了解信息、交友和消费。因此，用户在移动状态中的碎片化行为使传统互联网商业模式下所聚集的那个中心点越来越碎片化。中心点表象是流量和用户，本质是统一的内容和渠道。而移动互联网时代，特别是O2O模式，恰恰要求的是内容和渠道的碎片化分离。

所以，"互联网+"模式下形成的传统商业手段在O2O模式下将发生巨大的变化。既然变化是永恒的，那么应该是时候重新审视我们的组织能力了，让它能适应O2O的新商业模式。

当一个组织超过一定规模的时候，若组织的行为靠"拉帮带"的方式来执行，这显然越来越不符合信息社会中的现代企业发展要求，更何况是从事O2O的线上线下商务互动企业，它既要求O2O组织能够有快速创新的能力，又要求O2O组织能够专注于稳定维持的能力。这两种能力也符合线上和线下的行为要求。

创新和维持是O2O组织工作的基本内容。创新是一种求变求发展的思想和在这种思想指导下的行动，创新是一种更高层次的维持，是发展的维持。维持是保持现状，是求变、创新、发展的基本和载体。那么如何在创新和维持中快速建立转化和互动就是O2O组织的能力。我个人把这个组织能力定义为"创新快速迭代出维持"的能力，简称"快速迭代"。

迭代是重复反馈过程的活动，其目的通常是逼近所需的目标或结果。每一次对过程的重复称为一次"迭代"，而每一次迭代得到的结果会作为下一次迭代的初始值。

目前Google很大，腾讯很大，阿里巴巴很大，他们的产品也很多；苹果公司很大，尽管产品相对少，但对供应链的要求很高。我估计马化腾不可能了解腾讯的所有产品功能，马云也不可能了解阿里巴巴所有产品的功能，但他们的企业有能力向市场快速迭代出来自企业内部产品团队创新的产品。

所以O2O的组织能力一定是存在于快速迭代能力很强的组织。有句话很有哲理：简单的事情重复做，你就是专家；重复的事情用心做，你就是赢家。一个人达到这个境界已经不易，一个O2O的组织能力如果能达到这个境界，那就需要很不错的组织文化来支撑。那么什么样的组织文化才能适应O2O新商业模式呢？

### ■ "持续改善"

这一观念其实是非常具有组织哲学智慧的，就是说公司所有的员工随时随地注意所有可以改善的大小事情，因此可以说一切生活方式、工作方法、社交方法或家庭生活，都可以透过不断地"持续改善"而获得进步。

一般来说，企业的活动其实只是如何生存和如何发展的问题，其中企业生存主要是靠"维持"，而企业发展主要是靠"创新"和"改善"。

互联网企业喜欢创新，是因为创新是一种革新，创新的特点是：花费大笔的金钱，需要长时间研究，容易被模仿，一切按计划实施（比如，常见的流程是现状分析、对策、方案确认、结果评价等）。但创新不是随手可得的，曾经的iPhone5被业内人士看轻的原因就在于：在很多人眼里，iPhone的创新能力在减弱，新产品给用户的震撼感觉在逐渐消失。

而改善的本质在于不用投入过多时间和金钱就可以提升生产效率，连基层员工也可参与优化运营体系，其他公司也很难模仿。改善的特点是：不投入过多费用和时间，企业培养人次多（包括基层员工在内），可快速应对日常发生的问题，不容易被模仿，立即执行。

对高科技公司而言，创新在管理工作中所占的比重较高。因为这类高成长却也是高风险的产业，所靠的就是技术的竞争优势，一旦技术失去优势，整个公司也可能消失不见。但是高科技企业的创新观念不适合该企业的所有部门，而改善观念却适合企业的所有部门。

## 模式 5
## 长尾商业模式:"多款少量",通过 C2B 实现个性化定制

### ✚ 无处不在的"长尾"

"长尾"只是一种形象的比喻,指的是一些商品的需求曲线在形状上很像一条长长的尾巴。安德森曾经分析过美国一家在线音乐公司所提供的消费数据,他把这些数据制成了一张按照流行度来排列的图表。从这张图表中我们可以看到,在最前端的"头部",几首热门的曲目被下载了很多次,但随着流行度的降低,需求曲线一直在降低,可是到了排名 10 万首的时候,还没有到零点。安德森接着分析了第 20 万首、第 30 万首和第 40 万首,仍然没有看到零点。也就是说,一直到了第 40 万首的时候,消费者的需求仍然存在。安德森从统计学的角度出发,把这种曲线的分布特征称作"长尾分布"。因为,相对于它的头部来说,它的尾巴非常长。

一般来说,我们总是会关注需求曲线的头部。可是现在,安德森却提醒我们,应该花费更多的时间去关注那些"长长的尾巴"。安德森认为,

消费者需求曲线的长尾比我们想象中要长得多，因为随着社会的发展，大众文化已经分裂成一个个细小的碎片，消费者需求更加趋向于个性化。通俗来说就是，我们要去开发这条蕴含着无穷财富的长尾，因为当所有的长尾集合在一起，其市场规模是非常宏大的，利润也是非常丰厚的。

安德森在《连线》杂志发表的那篇有关长尾理论的文章在全世界引起了强烈的反响。连安德森自己也没有想到"竟然有那么多的行业与之发出了共鸣之声"。这说明，原来只是针对新媒体和娱乐行业发表的观点，现在却被证实在很多的行业都有效。

安德森在长尾理论中指出，现在世界上每个地方都有长尾存在，从政治到公共关系，从乐谱到大学教育。几乎所有的商业领域都需要改变原有的商业模式。也就是说，原来那些无利可图的产品、顾客或者服务，正在逐渐变得有利可图。于是，我们就看到，一方面各种各样的新公司破土而出，像亚马逊、eBay、Google、阿里巴巴等；另一方面，在传统行业，消费者的个性化需求和产品的多元化供应结合在一起，也逐渐形成了一条长尾，这已经改变了全世界做生意的方式。

现在我们都认识到，不管是新经济还是传统经济，长尾理论都在发生作用。那么，到底是什么原因导致了长尾的出现呢？要知道，这种事情在传统经济时代是绝对无法想象的。安德森为我们揭示出了问题的根源："长尾理论阐释的实际上是丰饶经济学"。这里的丰饶经济是和热门经济相对的，指的是当产品极度丰富，供过于求时，消费者的个性化需求都能够得到满足，所有的产品都能找到对应的消费者。所以，当我们的社会变得更加富足，从热门经济跨越到丰饶经济的时候，长尾就自然出现了。

在20世纪末，以个人化、分散控制、自组织为特征的互联网2.0潮流作为经济数字化的自适应性现象自然发生并迅速成长,相对上述生产供应领域的数字化,这更应归属于在消费领域、人的领域发生的数字化变革。消费的数字化、数据库经济以及以此为基础的搜索经济,奠定了"长尾"经济的繁荣基础。

因此,也可以说,"长尾"经济是人类走向数字化的必然产物,是数据库和搜索与传统经济的融合物,是一种典型的数字化现象。

### ■ "长尾"的两大特性

1. 即时性

"长尾"的很多成功模式共同指向经济节奏的加速,"尾部"的不规模经济、个性化需求、深度匹配、小额交易等特征都在经济活动中得到深刻的反映,这在根本上决定了长尾经济的"即时性"水平。比如,"即时沟通"的盛行是经济"即时性"的典型表现,这不仅包括全球性移动通讯的大运用和大普及,还包括在线的即时沟通的繁荣,腾讯QQ以其庞大的用户规模对"长尾"人群的关系聚集的结果——已经积累起全新的对经济"即时性"的商业推动机制,再比如百度的搜索引擎帮助用户迅速、高效地与特定的信息和人群迅速地发生联系,而其他众多具有"长尾"性质的互联网2.0运用也从不同角度反映出某种"即时效应",这些生动的经济事实表明了"长尾"经济与"即时"经济的内在联系。

2. 联系性

经济本就是对"资源"和"人"的组织、协同、配置、互动,知识和信息时代的"经济"发生于开放、发散、分散、自组织的社会和时代背景之中,因此对于"人与人"、"物与物"、"人与物"之间的各类联系的关注超越了传统的"二八"经济时代。

在大规模生产、集中控制、高度垄断的物质生产部门,联系性主要存在于两个领域：一是高度密集而频繁发生的内部的联系——企业内部复杂的部门职能不间断地进行着封闭的内部交换和互动，二是主要与供应商、市场用户发生的间断的、疏散而单调的外部联系——企业的外部联系性被削弱了。

"长尾"经济加强企业的外部联系性，主要从两个方面实现：一是从横向的角度使企业逐步面向非主流的"尾部"市场、非主流消费，这拓展了企业以传统方式进行的外部联系空间；二是从纵向的角度使企业逐步面向供应商、市场顾客之外的其他社会性领域——企业必须更加关心社会事务，才可以与"社会、市场和未来"成功对话。

知识经济时代创新源于更深广的行业背景，正如上下游产业之间、技术与资本等领域深刻融合所反映的趋势，价值、规则、机会、智慧都将迎来自由、开放和共享的时代，一切事物因为"知识和信息机制"以及互联网技术的大发展，而得以寻求在"全息"的时空背景下发挥作用。

### ■ 长尾"的发展趋势

所谓的人类的"社会化"，主要是对"个人"如何历史性地融入社会的一种描述方式。历史上，"社会化"一直作为人类的特征延续，但现在这一特征得到了"空前的提升"，或者说现在"个人"可以以前所未有的方式、强度、力量融入社会、影响社会的进程——从这个意义上看，人类的"社会化"的强化也是一次"个人化"大发展的进程。

"长尾"现象给人们一些重要的启发。

企业与社会融合是经济"社会化"的核心，企业对"社区、人群和公共领域"而言，绝不是一种外来的入侵者，相反企业本就是社区、人群和公共领域的一部分，同时也是后者的某种特定的表现形态。企业，也可以理解为"社区、人群和公共领域"的某一部分结合在一起的具体结构形式——包括了文化、使命、战略、制度的不同形式属性。

为了实现这一目标，需要解决"企业目标"和"社会公共目标"之间的分歧。传统的企业目标——"绩效和利润"往往与所在社会、所接触人群、所涉及的公共领域的目标之间存在冲突，无论是来自文化观念等方面的主观认识差异，还是来自利害关系方面的差异，都可能导致在企业发展与"社会人群、公共领域"的发展之间形成对立和对抗，两者之间谁胜谁负并不重要，关键问题在于谁的主张能够在双方之间找到合适的平衡点。

从长远来看，"企业"必须服务"社会"，必须为"社会人群和公共领域"创造价值，但对此进行评判的标准既不掌握在企业也不掌握在社会层面，只有"社会、市场和未来"的实践演变才可以给出答案，因此解决"企业目标"和"社会目标"的分歧的关键在于控制好各自的主观性，尽可能以尊重和换位的态度来求得一致。在这一环节，克制和谦让显得格外重要，尤其是企业的立场应该兼顾社会的某些特性——比如社区的意志往往呈现出随机性、无意识和自相矛盾；总之，无论"企业"还是"社区、人群和公共领域"都没有绝对的经济天才，谁也不能自以为是。

也可以说，社会的"社会化"和经济的"社会化"必须建立在全人类相互尊重、相互友爱、相互谅解的基础之上。

基于互联网优势的"长尾"经济，是与一定的技术和社会进步相联系的历史的范畴，是与人类走向技术文明的进程紧密联合的概念。在战略和历史的眼光中，"长尾"经济必须具备三大根基：一是"全息的互联网"；二是"运算的互联网"；三是"人人的互联网"。严格来讲，目前这三大根基都还处于相当弱的发展之中。

根基1. 全息的互联网

"全息的互联网"是指能够智能化地识别和辅助全息联系、外化全息关系、优化全息路径的互联网,是在SNS、论坛、博客、门户、搜索、IM、商务、企业IT运用等多方面全面实现全息进化的互联网,它以全息搜索为核心,以全息关系为对象,以涵盖全网乃至全社会生活的庞大结构为基础,致力于解决"孤岛效应""信息爆炸"等问题,这一过程同时也是让人类社会关系更加透明的过程——这是人类数千年未曾实现的大事件。

比如,通过搜索人类可以更方便地获得信息,这奠定了全息的互联网的根基,再向后,更高层次的进化将发生在对特定的人与人的社会关系的搜索领域,而亚马逊、eBay、Google等"长尾"经济巨人在这个方向上存在着非常广阔的创新空间,关键性的任务在于通过小额交易、冷门生产供应和冷门流通消费、外包和即时组织、情感消费活动、第三方服务等"长尾"经济现象的繁荣,逐步培育直接归结于"人与人"的全息关系的经济逻辑,也就是说"长尾"经济的真相、前途、突破口和大爆炸的临界点在于"将人在社会之中通过经济方式组织起来"——也可以说,这是一种新"社会主义"思路。

根基2. 运算的互联网

"运算的互联网"是指在流通层互联网之后新的发展阶段,重点任务在将互联网强大的机器运算力量诉诸人类生活的各个方面,让互联网不仅仅成为知识的载体、传播者,不仅成为电子化的存储仓库,不仅成为沟通和联系的工具,更在与PC共同发展、相互融合中成为一种自动化辅助工具。目前已经出现的大量服务器端软件以及数年前微软的.Net计划都可以视作这一趋势的一些苗头,而在阿里巴巴的电子商务模式、沃尔玛的物流数据库管理、Alibris对二手书商书目的动态更新、百度的国学研究频道等方面,都可以发现"互联网运算"的身影。

根基3. 人人的互联网

"人人的互联网"最典型的是近年涌现的博客等个人化运用,它重点构筑一种大众参与、控制和分享三结合的社会性流程，让互联网与社会在文化上更趋一致——因为社会发展已经自发产生了大众化、个人化、全球化、信息化等方面的综合趋势，正是内在的社会心理文化需求导致了"人人的互联网"的产生。博客可望成为"生产与消费"之间的枢纽，并可望成为"经济与社会"之间的枢纽——当然博客首先是个人与社会之间的枢纽，至于博客的"长尾"基因就根本毋庸多言，因为博客赋予草根更加强大的知识机制，引用传播学的术语博客赋予"沉默的大多数"以力量，一些原本被遗忘的社会关系被重新重视，一些新的以"草根"为根基的新的社会关系也在成长。

## ✚ "长尾"也是一种经济形态

"长尾"模式的成功需要两大条件，一是用户的多样选择权，二是用户选择权的高性价比。在传统经济环境下，用户选择权因为信息不对称而被压制，用户选择权的性价比——这决定了渠道的经济动机——也因为信息不对称而偏低；因为互联网的出现，人类的经济活动获得了扁平化的信息渠道，信息不对称问题得到缓解，直接加强了"长尾"效应，在这一过程中，互联网的核心角色是经济活动的"组织"、"渠道"和"信息中介"。

互联网作为经济活动的"组织"，将大大小小的经济单位以统一的信息机制联成一体，一方面扩大了所有经济单位接触的信息量，更重要的是改变了原有的不同经济单位之间的信息不平等现象，这直接改变了经济活动中的信息机制及其生产权力、利益的后果，也就改变了经济活动各单位作为组织的相互作用方式，所以互联网是一个总的组织系统，直接作用于所有参与其中的经济单位的组织，并间接作用于全部的人类经济组织。

互联网作为经济活动的"渠道"，冲击了原有的渠道结构，这带来的最大变化首先是产生了观念上的新认识，这意味着：一方面经济单位对于渠道的依赖因为信息机制的对称化和扁平化而总体上被削弱，一方面传统的渠道方式受到互联网这一最大的"终极渠道"的冲击而逐步"后退"，从前的那些信息机制方面的束缚现在因为互联网的出现而被打破，任何渠道都必须充分利用来自互联网的信息力量，增强自身作为一个实体的"信息"力量。另一方面，渠道外延的扩张也是"长尾"革命的重要内容，渠道的"泛信息化"使其不再仅仅是一个侧重于市场和营销的概念，而是越来越与经济活动各单位的综合目的紧密联系起来，比如人才、物流甚至现金流，等等。

互联网作为经济活动的"信息中介"改变了沟通，不仅仅体现在更加广泛和频繁的、低成本的外部沟通，更体现在以更加智能化的方式帮助不同经济体之间的沟通。沟通必须符合目的、任务和逻辑的要求，越是有效率的沟通，越需要成为有意义和有价值的沟通，互联网在走向"运算层"前所积累的人性基础已经可以让其初步智能化的帮助实现上述目标，深度沟通渐入佳境很快产生了新的价值。

互联网作为"组织"主要增加了用户选择权，互联网作为"渠道"主要提升了用户选择权的高性价比，互联网作为"信息中介"则指出了一条对互联网进行人性化改造的出路——打通关系和内容的通道并且据以"增加用户选择权"以及提升"用户选择的性价比"。

营销大师科特勒说过，"营销就是做消费者的思想工作"，那么我们应该明白，企业生产产品的目的就是满足消费者的需求，而不是要改变什么。这就和安德森所说的消费者"想要什么就给他什么"的道理是相通的。

■ "互联网 +"新经济时代的思维模式

长尾经济理论认为，我们已经过了产品匮乏的阶段，进入了一个产品极度丰富的时代。那么，我们可以选择的产品类别就多了起来。在这个时候，我们应该放弃那种自以为是的思维，一切都应从消费者需求出发，尽最大的能力去满足消费者的各种需求。

在这个供过于求的时代，谁能够更好地满足消费者的需求，谁就能够赢得更大的生存空间。比如，在娱乐业中，那些娱乐制造商们是从来不和消费者"作对"的，只要消费者想要的东西不违背法律的限制，就会义无反顾地去满足他们。娱乐制造商的做法是正确的，我们的企业都应该向他们学习。

"一切从消费者的角度出发"，这种思维模式在传统经济时代也是存在的，但是它没有像现在一样具有"统治性"的影响。可以说，这是长尾时代的生存法则。因为消费者的个性化需求需要个性化的产品去满足，那么注定会有一大部分产品不会成为流行产品。但是这并不能否定一个事实：在大热门的主流产品之外，还有无数的非主流产品，而且这些非主流产品对消费者来说同样重要。为此，我们也必须去生产它。

■ 关于"长尾"的论战

长尾理论自从问世以来，就以迅雷不及掩耳之势席卷全球，俨然成了"颠覆传统战略思维的圣经"，并且在美国硅谷被奉为圣典。但是，它真的具有这么重要的地位吗？其实，一直以来，安德森的长尾理论就受到了来自各行各业的质疑。这是一个很正常的现象，因为任何一个商业理论的诞生，总是要经历各种考验才行，而关于"长尾"的论战则从未停止：

论战 1. 热门产品会死吗

热门产品不会死。有很多还没有真正读懂长尾理论的人盲目地认为，随着时代的发展，热门产品终究会死掉，而长尾产品的未来才是光明的。其实，这种观点陷入了一个极端的误区，就像不相信长尾产品能够赚到钱一样。为此，安德森特别在自己的博客上澄清，他并不认为热门产品会死掉，虽然曾经的热门产品有可能变成冷门产品，但是它也将永远在尾部的市场中存在，而不会消亡。那么，可能有人会提出这样的疑问，到底什么东西会在这个过程中死掉呢？新旧更替总是这个世界永恒不变的法则，有新的东西产生，就应该有旧的东西消失。

论战2. 长尾理论适合传统行业吗

很多人都认为，长尾理论并不能适用所有的行业。那么，哪些行业有幸被长尾眷顾呢？当然是那些没有生产费用的数字产品，因为只有这类产品，才能够在互联网技术的发展下，把存储和物流的费用降低到约等于零的地步；同时，也可以借着数字存储的方式，为广大消费者提供无穷的选择空间。正是因为这个原因，很多人认为，长尾理论只能在娱乐媒体行业存在，根本不适用于传统行业。

论战3. 传统行业到底能不能从长尾市场中赚到钱

关于传统行业能不能够运用长尾理论中的观点，安德森对这个问题论述并不多。不过，在后来的时间里，他在自己的博客上对这个问题进行了回答。他认为，能不能够从长尾市场中赚到钱，关键要看你的身份是谁。如果你是一个"积累者"，那么就能够从长尾市场中获得财富；可是，如果你只是一个"像长尾中的大多数人一样的微型生产者"，由于受到生产规模的限制，想赚到更多的钱也是"一件困难的事情"。

# ✚ "互联网+"时代,得"长尾"者得天下

在传奇企业家马云的带领下,阿里巴巴走出了一条独特的道路,并且得到了全世界客户的广泛认可。现在,马云已经成为世界电子商务界最成功的企业家之一。他的阿里巴巴已经能和亚马逊、eBay 等公司并驾齐驱,成为电子商务的杰出代表之一。可是,自诞生以来,阿里巴巴的商业模式就备受争议。很多人说阿里巴巴的商业模式并不适合当时的中国市场,但是马云抵挡住了压力和质疑,坚持了自己的选择。从最早被人说是"骗子",到后来被说成"疯子",到现在被称为"狂人",马云一直相信阿里巴巴的商业前景,他把自己独创的商业模式坚持到最后,迎来了企业的成功。现在,阿里巴巴的商业模式和长尾思想之间的联系,成为中国互联网企业关注的焦点。

## ■ 1. 专注于为中小企业服务

一个基本的目标,就是为那些不被关注的中小企业、小商小贩提供一个网上平台,把网下的交易转到网上去。阿里巴巴用一年 2300 元的低廉费用吸引他们进行网上交易。在马云的眼中,中小企业虽然没有太多的钱,但是"多如牛毛"的中小企业聚集起来,可是一个相当庞大的市场。目前在中国,每个小企业都希望自身能够快速稳健地发展起来,都在迫切地寻找一条出路。所以,阿里巴巴这种针对中小企业服务的 B2B 模式一经推出,就受到了他们的热烈欢迎。几经努力,长长的中小企业的尾巴聚集在了一起,也成就了阿里巴巴的成功。可以说,正是"长尾"打开了阿里巴巴的财富大门。

阿里巴巴是长尾理论在中国实践的杰出代表，其开创者马云就是一个出色的长尾理论实践家。也许是看到了 Google 在互联网广告市场上呼风唤雨的成功，马云打造出了阿里妈妈这个新型的网络广告交易平台——再次验证了长尾经济的力量。

### 2. 专为"散户"提供服务

在很多人的眼里，阿里妈妈就是一个证券交易所，一个专门为散户提供交易的市场。我们已经谈到过，阿里巴巴的成功就是因为抓住了中小企业的长尾，聚沙成塔，集腋成裘，那么阿里妈妈要想走向成功，也要靠这些"散户"的支持。阿里妈妈的平台上主要集中了一些中小网站，面向的客户群体也是中小企业，所以广告也集中在中小企业身上。大家应该看到，在中国现有的 100 多万个网站中，有 80% 是中小企业和个人网站，这部分人群就是阿里妈妈的重点客户，可见一旦这部分长尾的市场被挖掘了出来，其规模和利润空间也是相当惊人的。

提到长尾，我们不得不提 Google，这是一个全球成长最快的搜索引擎，也是一个新广告媒体的巨人。在它的面前，连微软、雅虎这样的庞然大物都感到了威胁，以至于要联合起来对抗 Google。那么，Google 到底具有什么样神奇的力量呢？

*力量 1. 传统的广告业*

广告业已经发展了上百年，这是一个典型的"热门中心主义行业"。在其运作模式中，最需要的就是像世界 500 强的公司一样的大卖家。只有他们才出得起钱来推广自己的产品。所以，当这些大公司要想把自己的产品炒作成热门产品的时候，就需要做产品推广，而广告是产品推广最重要的一种手段。当他们花费大量的资金聘请广告公司拍摄精美的广告后，还要让广告代理商帮忙发布在各种媒体上，如电视、广播、报纸和网络。

正如上面所论述的那样，广告业只青睐大客户。那么，大量的中小型企业因为没有太多的资金而被忽略了，可是，他们也有做产品推广的需求，Google 则为他们解决了这个难题。

力量2. 拓展出广告客户的长尾

从诞生的第一天开始，Google 就在探索崭新的商业模式。它把重心放在了那些没有太多钱，但又急需要进行推广的小客户身上。Google 认为，只要能消减广告推广的成本，就能够有效地拓展出广告客户的长尾市场。于是，Google 用自己设计的软件独立完成了这个任务，有效地降低了经济门槛，使一条无限长的广告客户长尾清晰地显现了出来，并从中获取了丰厚的利润。

力量3. 关键词是基础

Google 搜索的基础是建立在"关键词"上的，这一点非常关键。我们大家都知道，词和词汇组合的长尾是无限长的，而每一个关键词对于 Google 来说，都是独一无二的广告机会。也就是说，Google 拥有着成千上万个广告的机会，这不是一条长尾又是什么呢？

力量4. 利用软件，降低成本

我们知道，小企业都是缺乏资金的。所以，让他们拿更多的钱出来打广告根本不可能。正是看到了这一点，Google 为了实现长尾的价值，大大降低广告的成本。Google 建立了一种简单而且非常廉价的自我服务模式——只要在一种自动拍卖的程序中购买一个关键词，那么任何一个人都可以成为 Google 的广告商。这种"自我服务的模式"使 Google 和广告商的成本都大大降低了。

提供广告自定义和检验工具，以帮助客户吸引他们的消费者进入网站浏览。也就是说，Google 的广告客户可以自己随时调整广告文案和关键词。对于这一切，Google 只是提供平台和技术，并不干涉具体操作。

Google 正是凭着其广告模式的三个特征，才得以以最精简的队伍来完成最到位的服务，同时兼顾了广告客户需求的头部和尾部。

## ✚ 留住"长尾"的七个策略

安德森不仅为我们总结创造了一个伟大的长尾市场，也为我们总结了七个具体的指导策略，以帮助我们在长尾市场中获得更多的价值。具体如下：

### ■ 策略1. 让存货集中或者分散

长尾市场意味着大量的产品浮出水面。那么，如何存放这些产品就成了至关重要的问题。在前面的论述中，我们也多次提到降低库存成本的重要性。那么，我们到底应该怎样降低库存成本呢？安德森给出的答案是让存货更加集中或者更加分散。至于如何做请看下表：

**如何让存货更加集中或者更加分散**

| 方向 | 分析 |
| --- | --- |
| 集中化仓储 | 对于任何一个企业来说，集中化仓储都能够提高效率，降低成本。我们把所有的货物放在几百家商场中的花销肯定要比把所有的货物放在一家商场中的成本多些。所以，我们可以看到，像沃尔玛等零售商正在积极开拓在线市场，采取各种方式集中仓储，以争取网上产品的品种远远多于传统的店面 |
| 分散式仓储 | 所谓的分散式仓储，并不是像上面谈到的把货物放在几百家商场中。其本质上是"虚拟存货"——把产品放在合作伙伴的仓库中，完全由合作伙伴承担费用。就像亚马逊一样，其存货被分散在世界的各个角落。也就是说，这种虚拟的仓储方式进一步降低了仓储费用，使其约等于零 |

续表

| 方向 | 分析 |
|------|------|
| 数字化仓储 | 数字化仓储是库存处理的最高境界。当我们把企业产品信息都进行数字化存储的时候，就等于彻底消灭了库存费用。不管是做什么行业，谁先做到这一步，那么就占尽了未来市场的先机，因为这是未来发展的大趋势，不可阻挡 |
| 基于地理位置的商家模式形成 | 目前基于LBS（地理位置）的应用相对简单，位置导航这种模式将会在近期内快速发展，更多的商家可以提供更好的体验，这绝对是个无边界消费的O2O模式 |
| 多种渠道传播 | 在新时代的今天，传播媒体和传播途径已经逐渐细化了。在开创长尾市场的时候，千万不要把这一条忘掉。要知道一种传播途径并不适合所有的人，也就是说企业在进行推广时，务必要进行多渠道传播，而不要死守一种传播方式 |

### ■ 策略2. 最好的市场是跨时空的

从本质上来说，每个客户的需求都是个性化的，虽然在这成千上万的个性化需求中，还有一些共性的因素，但处在需求曲线"头部"的热门经济，就是抓住了这些共性的因素，最终使产品能够满足广大消费者的需求而变得畅销。但是，当我们从需求曲线的头部移到尾部时，其共性的因素就会变得越来越小。所以，长尾的市场需求是非常个性化的。也许有的人喜欢网上购物，也有的人极喜欢到实体店进行购物，有的人想好了马上就会买，而有的人想好了还会等等再做决定。那么，在需求日益个性化的市场中，我们要知道"最好的市场是跨时空的"，所以，我们要通过各种传播途径去告知消费者产品的利益，还要有耐心，给消费者一定的时间做决定，以达到让其购买的目的。

多渠道传播才有可能最大程度地接触到隐藏在长尾市场中的客户，而死守一种传播方式是危险的，因为这种观点有可能会使我们把一大部分的客户武断地忽略掉。作为一个想在长尾市场中获得成功的商业人士，这种情况是绝不能够允许出现的。

### ■ 策略3. 没有一种产品可以适合所有人

当我们从短缺经济跨入丰饶经济的时候，还是有很多厂家希望自己的产品能够尽量满足更多的人，这也就是热门产品经济的由来。但是，随着市场的逐渐细分和消费者需求个性化的发展，原来的一种产品已经裂变成很多种产品。就像安德森所说的，"一种产品只能适合一种人，多种产品才能适合多种人"。

正如前面分析的那样，产品种类的极大丰富形成了一条长长的尾巴，里面隐藏着消费者各种各样的需求。作为厂家，我们必须明白，在打造热门产品尽量满足多些人的同时，也要关注那些销量不是太多的利基产品，因为这部分利基产品仍然能够满足一部分消费者的需求。在丰饶经济的时代中，只要有需求就有市场，我们就应该去满足这部分需求，占领这个市场。

### ■ 策略4. 更加灵活的定价策略

对于企业来说，价格的力量是非常强大的。由于不同的消费者收入水平不一，所以所能够承受的价格也是不一样的。这也是为什么同样的一件商品，价格定太高卖不出，而价格定低点却可以卖出去的原因所在。

在短缺经济的时代，一种价格打遍天下的现象是有可能存在的。但是，当产品无限丰富的时候，价格就应该成为一种"强大的武器"，帮助厂家实现产品价值和利润的最大化。

### ■ 策略5. 信息太复杂并不是好事

不可否认，现在已经是一个信息爆炸的时代。当信息极度丰富的时候,信息本身的价值就不是太高;更重要的是,我们到底该如何去找到我们想要的信息。从这个意义上说,过多的信息并不是好事,因为如果信息不能够满足消费者,为消费者带来价值的话,那对于消费者来说就是无用的信息。在长尾市场中,这种情况非常常见,可谓"垃圾遍地"。那么,我们要做的事情就是,从"垃圾"中找到"宝贝"。

### ■ 策略6. 打破限制后的世界

现在的情况和以前不一样了,在长尾市场中,市场容量是无限的,一直延伸到尾巴的最深处。现在已经没有所有的产品去抢一个位置的问题了,而是所有的产品都有机会被摆放出来,都有机会被消费者挑选到。于是,在现代经济中,供应全部的产品永远是正确的策略。这就提醒我们的企业,不需要再斤斤计较地去从所有的产品中挑选出几件产品来展示,而是应该把所有的产品都一股脑地推给消费者(当然这其中肯定也有重点),让消费者来自由选择。如果能够这样的话,作为厂家,我们的决策就变得更加容易了。

### ■ 策略7. 发挥市场的作用

市场的作用是巨大的,我们要学会时刻发挥市场的作用。当我们去预测市场的时候,很有可能会以失败而告终,因为我们的预测不可能与市场的变化百分之百地吻合。如果我们能直接动用市场的力量,那么毫无疑问,就能得到市场最真实的信息。这也是"事前过滤器"和"事后过滤器"的区别。所以,我们不要"事前过滤",而是要"事后过滤",发挥市场的作用。在数不尽的产品当中,人们会自己比较产品的好坏,企业得到市场的回馈后再做推广和放弃的决定。

## ✚ 变革是必经之路，更需要理解与感悟

"二八"经济和"长尾"经济中的企业创新都被高度重视并具有举足轻重的地位，但在具体的创新构成方面，两者存在很大的差别。

"二八"经济的创新以物质为依托，以自我为中心，以微观为抓手，以控制为手段，以利益为纽带，以主要策略制胜。长尾经济的创新以精神和知识为依托，以整体经济利益为中心，以分享和激励为手段，以对宏观的"社会、市场和未来"的操作为抓手，以主要战略制胜。总体而言，前者更多地立足于现在和过去，而后者则以现在和未来为基础。

"立足现在和过去的创新"与"立足现在和未来的创新"共同构成了创新的全部，两者的相对比例形成了企业的创新构成——同样作为创新系统，不同的创新构成之间存在着在创新力、创新价值和创新的可持续性方面的巨大差异，这可以通过"二八"经济和"长尾"经济的比较得以体现。

比如"长尾"中的消费系统在新"知识和信息机制"的支持下真正主导了生产和供应，这代表了未来的趋势，反映了在以"物质富足"和"精神匮乏"为主要特征的新经济背景下必须让个人首先作为消费者——其次作为生产者——独立地"站立"于经济的高端的要求，以及支持个人具备与组织对抗和分享力量、权力、秩序的要求。

此外，以"二八"经济中的广告传播行为为例，数百年的资本经济发展走过了"日益富足"的轨迹，个人在物质上的主张和可支配的财富总体上在不断地上升，这构成了一种以大生产工业和寡头商业为代表的主流经济对于"过去"的留恋、记忆的错觉，导致在消费者的接触界面上一味

"崇拜"生产者意志的传统或者说"灌输强迫症",而事实上消费关系的主流部分正在面临颠覆和改造,如果继续沉湎于广告公关策略的标新立异或陷入规模经济的骄傲之中,那只会丧失向未来转身的机会。

### ■ 变革的路径:创新

1. 创新的本质

就创新的本质而言,创新的目的指向未来,虽然创新行为必须联系于"过去",但是对于"过去"的羁縻、回味、利用、借鉴必须适度和可控,真正无须控制的是对于未来的遐想,是站在现实的地上无限制的想象力,后者才是创新的源泉——我们也可以将过度执泥于"过去"的创新称之为"假创新",而全力以赴思考未来的创新才是"真创新"。

2. 创新的直接目标

企业"创新"的直接目标应该是提升企业内部各项资源、活动以及结构中更加接近"正在发生的未来"的那部分构成,这是一个"比例"性的可度量的目标,实现这一数值目标既需要做"加法"——开拓创新,还需要做"减法"——抛弃过去。将企业内与创新无关或弱相关的、可有可无的部分摒弃就可以提高企业组织的创新构成,进而释放出更强大的创新潜能。

3. 创新的根本目标

企业创新的根本目标就是在提升自身创新构成的过程中不断锻炼出更强的创新技能、习惯和更完善的创新机制,企业的创新能力——或者做"加法""减法"的能力——是企业与"社会、市场和未来"亲密接触的关键,这从最长远和最终极保证了企业获得"社会、市场和未来"的奖励和承认。做"减法"最大的价值是从主观上将企业的注意力从"过去"拉向"现实",并促使企业面向"未来"。

"长尾"经济的扩张已经成为现在和未来的一个联结点，从中可以站在现在的立场提前发现一些未来的图景——只要我们拥有真正超越现实和感受未知的视角立场和思维习惯。就思考"二八"现象向"长尾"现象的变革而言，我们需要"显微镜"、"透视镜"、"潜望镜"，还需要目放遥远的"千里眼"——也就是需要一种对于未来的思考。

其实，"长尾"现象所遵循的行为原则简单得惊人，"人弃我取"本就在很多情况下等同于创新，尤其是当"人取现在而弃未来"之时，"我取未来而弃现在"就更具创新冲击力。沃尔玛早年就面向非主流消费市场，遵循"以人为本"的公司道德，都大大领先于同时代的风气和习惯，但几十年后其预见不仅得到了证实，而且沃尔玛从自己的预见中获得了应有的回报。这是一个非常形象的关于经济理性的例子，通过与"社会、市场和未来的对话"发现如何做正确的事——然后等待历史的回报，这就是永续企业的秘诀。

创新型企业在做出任何重大决策之前必先跳跃到未来的某个时点回顾"现时刻"，并想象在未来那一时点该决策可能引发的后果，据此增强决策中的理性和预见性。重大决策绝不可缺乏必要的预测，但与其预测未来，还不如越过现在去到未来以回顾现在，换一种视角就可以得到另一幅参照性的思维图景。这是一种相信"所谓创新就是先行进入未来"的思维模式，"人弃我取"和"有效地与市场、社会和未来对话"是获得成功的两大诀窍。

### ■ "长尾"理论与创新的真相

"创新"之所以成为组织的核心优势，是因为组织只有通过不断的学习才能"创新"并保持与"社会、市场和未来"沟通和对话的能力，"创新"指引企业重视变革并认真地理解、学习和适应变革，创新就是让企业紧跟最前沿的知识，紧跟最重要的变革。

对创新最有发言权的是"变革"，"变革"来自"社会、市场和未来"，"创新"是对变革的反应，所以"创新"的判断标准是动态的、相对的，只有"创新的能力"——"创新力"——才具备那种更加固定的标准。系统的创新能力是企业的终极目标，因为这一核心能力等同于企业满足"社会、市场和未来"的能力。企业不是以创新为"利润和财富"服务，而是以"利润和财富"——作为永续性的"评测手段"——为创新服务。

1. 创新力源自学习力和执行力

学习力也是对于未来的思维能力——执行力则是将学习思考落实于实践的行动力。企业创新力的培养，只有在不间断的、强度的学习和执行中完成，循环往复的学习加执行构成了创新的全部内容。"学习"是创新的关键，即使是"执行力"也必须以"学习力"为基本保障。企业的系统性创新能力首要来自"系统的学习能力"，当学习、思考成为习惯和制度性的经常行为，企业就可以获得系统的创新能力。

2. "创新"必须关注事实

包括所有与旧的观念、预计、程序、事实、数据、结构、状态等相冲突的最新事实，事物之所以不能按部就班、因循守旧的原因往往在于发生了"变革"，而"创新"的灵感之源就在于发现和思考变革后的结果，"创新"就是通过挖掘身边的"最新事物"来接触事物的趋势和方向，来感知来自"社会、市场和未来"的提示。变革意味着新的知识正在到来，这给企业提出全新的学习任务，进而推动创新。创新的前提是"知识"，对于最新的"正在发展的未来""即将成功的事实"中隐藏着的变革方向予以深刻感知，然后才可以有效地指引自身的行动。

3. "变革"、"即将成功"、"正在发生的未来"

"即将成功"的事实是来自"社会、市场和未来"的"有意识"的行为，以及对"变革"做出反应。"变革"中隐藏机会，而"即将成功"的事实则给管理者以更清晰的"机会的提示"。"即将成功的事实"唯一的判断标准在于其杰出的表现，无论是从企业内部还是从企业的竞争者那里，甚至从经济和产出的任何角落，只要发现一些正在快速成长、增长、绩效表现突出的业务、观念和革新，都应该意识到其中的"机会提示"，企业创新的核心活动在于将"即将成功"转变为"业已成功"，前提就是加强对"即将成功"的事实分析、研究和学习。

判断"即将成功的事实""正在发生的未来"的关键性变革，其标准永远不能以既设的、绝对的、不可改变的方式确定。"自由和创新"就是减少人在变革面前的盲目自信，增加上述判断标准的变动性和相对性——"更加杰出的表现"可以算作创新的统一标准，但这也是一种目的性的、不是标准的标准。

4. 解决必要任务

"创新"往往同时要解决一些事务性、应付性、程序性、一贯性、常规性、经常性的必要的任务，企业在将创新转变为日常活动的常态之前，必须先真正解决那些传统的日常经营理念的常态——比如日常"经营管理"、"危机处理"、"市场营销"、"绩效考核"等等，但是，一个真正面向"创新"的企业应该积极地面向未来，而不是保守地应付过去和一味地陷入因循守旧、得过且过。当然，"创新业务"必须兼顾"传统业务"的稳定，除非企业进行战略性的业务转型，在大多数情况下，"创新业务"总是被置于"审视"和"检验"的目光之中，企业要想获得"创新的自由"，首先必须给创新以自由。

5. 创意管理

缺乏创意的传统的"经营管理"——这一日常工作范畴在"长尾"经济时代更应通过制度及企业内部已积累起来的关系予以修正——只会将企

业本应用于思考未来和发现变革、积极创新的精力大量地消耗。管理既要解决消耗价值、侵蚀能力、带来损失的"漏洞",更需要发现变革中的机遇——这往往蕴藏于企业内部最有活力的那一部分事实和资源的背后,把这些来自未来的事实和资源找出来,是未来每个企业越来越重要的管理任务。

# 结论:"互联网+"时代的"速度法则"

"长尾"现象正在成长,互联网与经济的全面融合导致经济领域的全息——"无处不在的联系"——走近我们这个时代,时间维度作为全息关系中最重要的维度之一,其影响经济的直接效应之一便是"快速变革"取代"慢速变革",即让中小企业和商业巨头平等接受全息经济的洗礼。

■ "长尾"竞争的"速度法则"

"长尾"竞争必须遵循一系列全新的竞争法则,其中"速度法则"是依赖对个性化、多样性、小额度的交易和消费所主导的快速变幻的小众经济信息的动态反应能力来建立起竞争优势。

"大热门"和"长尾"体现的是差异性,差异无处不在,因此"大热门"和"长尾"也无处不在;从任意层次、高度、深度出发,任何事物的结构都可以定义其中不同意义上的"大热门","大热门"和"长尾"也是一对和结构区分的立场、角度密切相关的范畴。

要想以"长尾"理论取得竞争优势,就不可以忽视"小热门"。"小热门"的经济价值在于对其细分的特定消费人群的一种指引,他们是隐藏于"长尾"中的"非"长尾"结构,反映了一种客观存在的群体选择的消费时尚和市场趋势。站在商业的立场，对"小热门"的重视和"大热门"无关，同样是在不折不扣地贯彻和执行着"长尾"竞争的策略。"长尾"竞争的"速度法则"就是要求企业在追求"大热门"和"小热门"方面建立快速反应机制。

在传统的"二八"经济中，"大热门"更多地由商业力量和电视等大众传媒联手"设置"、"灌输"、"推广"而成，可以说在现代市场经济中没有哪样获得大众广泛认可的商品不是经过一系列处心积虑、各方配合的商业策划而取得了成功——但是，即使这样，"大热门"也在一定程度上反映了大众在消费选择、信用积累、流行趋势等方面的市场信息。而在"长尾"领域次级的层次或者局部，那些"小热门"的形成，很少受到商业和大众传播力量的强势扭曲，真正反映了一种大众——或者应该称之为局部市场意义上的"小众"——自主评估、自主评价、自主选择的结果，从中可以探索和发现某种"小众"的消费趋势。

可见，"大热门"和"小热门"都不同程度地指引着某种市场趋势、消费潮流、流行时尚、大众选择、品牌或者质量的信用积累，企业以现实的"大热门"和"小热门"作为竞争决策的一个重要信息基础，从中可以发现最可能取胜的方向。比如，近年来最成功的潮流服装品牌ZARA开创了一种被称为"快速时尚"的商业模式，每年以"快速、少量、多款"的方式推出上万款与时尚同步的服装，保证了自己的产品总是居于"大热门"或"小热门"之列——尤需强调的是ZARA的多样化个性化的"长尾"战略并没有简单地瞄准所有的小额市场，而是在小额市场中寻求相对的"小热门"。

当然，企业应该区分"大热门"和"小热门"所处的生命周期，绝对不要在已经开始消退或者即将消亡的"大热门"和"小热门"上大举投资，相反他们应该努力发现即将兴起的"大热门"和"小热门"，应该坚决追捧刚刚诞生和正在扩散的"大热门"和"小热门"。其道理很简单，一方面，无论是总体规模上的"大热门"还是特定门类中的"小热门"，都不是永远不变的东西，他们总是从刚才诞生时的不为人知、相对"冷门"逐步或迅速地转变为事实上的"大热门"，这是一个逐步推进的过程，因此企业应该面向未来、适应变化、第一时间把握新的市场机会，努力创造新的"热门"；另一方面，初生的"大热门"和"小热门"所具备的市场爆发力、利润前景对企业而言意味着不可忽视的"经济性"，及早投身其中则可从新兴市场相对轻松地分一杯羹。比如郎咸平在《模式：零售连锁业战略思维与发展模式》一书中总结了时尚潮流的快速反应者 ZARA 的成功秘诀在流行趋势刚刚出现的时候，准确识别并迅速推出相应的服装款式，从而快速响应潮流"——其优点是无须猜测快速易变的时装趋势，在降低库存风险的情况下，大大缩短设计的酝酿期"。

"长尾"竞争的"速度法则"就是要在上述方面保持迅捷的反应速度，或者可以概括为：无论在市场的"头部"还是"尾部"，都要迅速应对和参与可能或刚刚产生最新的"热门"的领域，并建立起快速反应机制。

根据这一法则，企业应采取以下应对策略：

1. 淘汰"小冷门"品种

尽可能投身于"尾部"的"小热门"而规避"小冷门"，以反应时间换取商业空间，以品种规模迎击产量规模。郎咸平在《模式》一书中对 ZARA 和另一快速时尚的典型公司 H&M 的财务进行研究后发现，多款少量的 ZARA 和 H&M 也实现了规模经济，而这一运作机制的特征就是"快速"。

2. 重视和强化对"大热门"和"小热门"

包括信息采集分析和反馈应对机制，以信息速度指引行动速度。比如 ZARA 的分店每周根据销售情况下订单两次，这实际上就是在"小热门"

的动态信息指引下组织生产,也是一种以销定产的高级模式。

3. 建立规模效应

以"快速"模式建立起品种、型号、规格等方面的"可选择性"的规模效应,这是一种"多样性的规模",也是一种"关系的规模",可以从一些特殊角度积累起的消费关系、交易关系乃至社会关系。比如 ZARA 从设计到出售之间的"前导时间"最快为 12 天,而 Gap 单单设计酝酿期就达两三个月。

4. 优化设计

在产品或服务设计中考虑到迅速淘汰和转型的需要,在结构、细节、流程等方面予以必要的优化。比如 ZARA 采购的布料都未经染色,而是随时根据实时需求染色,以保证不断更新的生产品种对布料颜色的要求。

另外,进行标准化基础上的非标准化结构设计,既发挥流水线生产的速度和效率优势,又突出了个性化生产,以拼接、组装、调配角度上的结构上的非标性或"多标性"来补充标准化带来的僵硬、无个性、单一性。比如 ZARA 让自己的工厂仅做高度自动化的工作,用高科技生产设备做染色、剪裁等工作,而把人力密集型的工作外包出去。

# 模式 6
# 跨界商业模式：你看不见的竞争者才是真正的对手

## ✚ "互联网＋"时代的企业跨境之困

转型大师拉里·博西迪和拉姆·查兰曾说："现在，到了我们彻底改变企业思维的时候了。要么转型，要么破产。"企业转型，简简单单四个字，却辐射着许多新的课题、新的挑战，对原有经营模式的改革和创新，对企业定位的重新评估，对观念的转变和修正，这都考验着企业家的智慧，刺激着他们的神经，挑战着他们的思维极限。

### ■ 跨境之困

*跨境之困1：偏居一域，市场受限*

俗话说："不想成为将军的士兵不是好士兵。"而对于企业，我们可以说："不想成为全国领军品牌的企业不是好企业。"偏居一域，市场受限，虽然每个企业都想把营销红旗插遍全国，但真正能从区域品牌成长为全国品牌的企业能有几个？从区域品牌到全国品牌，这是一个关键的跨越，跨过去了，你就站在了一个新的平台上，销售量也会水涨船高，但如果稍有不慎，跌了下来，轻者灰头土脸，重者伤筋动骨、一败涂地，连老本也能输掉。所以，对于那些渴望跨越全国的区域性企业来说，既要看到机遇，也要认清风险。

时至今日，随着市场上商品的不断丰富，中国企业已经远离过去"供不应求"的黄金日子，迎来了激烈的竞争时代。今天，企业自身有实力，只不过是让你从区域品牌走向全国市场多了一份基础保障，如果你认为只要把产品铺到全国各地，只要上央视大打广告就能成为一个全国性品牌，那我只能说，你的准备还远远不足。

跨境之困2：市场萎缩，品牌没落

中国企业和品牌的"短命"现象尽管企业人才济济、资金充裕，品牌也家喻户晓可是竞争力却裹足不前，不出三五年，曾经的知名企业就会轰然倒塌。我们不得不一次次苦笑：中国的企业生命周期，乃"七年之痒"矣。

今天，中国的企业家虽然已经认识到：树立品牌形象是企业在激烈的市场竞争中立于不败之地的关键，但是与那些动辄百年长盛不衰的外资企业品牌相比，国内企业对品牌的理解、认识、创立、传播和品牌的管理维护还不够成熟。在中国的市场上也曾出现了为数众多的知名品牌，但这些品牌，多是"来也匆匆，去也匆匆"，就会像流星般拖着绚丽的弧光消失在天际，被激烈的市场竞争淘汰得踪迹全无。

跨境之困3：百年品牌，老路难走

清朝末年北京民间流传着一句谚语："头戴马聚源，身披瑞蚨祥，脚踏内联升，腰缠'四大恒'。"

曾几何时，这段顺口溜描述了一代人最理想的富裕生活，其中提及的都是久负盛名的制作鞋帽衣物的"老字号"。然而，在今天，你还能在生活中听到、看到这些品牌吗？消失的不仅仅是它们！

据统计，新中国成立初期，中国有一万多家"老字号"企业。1993年以来，国家有关部门又确认了1600多家"中华老字号"。但勉强维持现状的占70%；长期亏损、面临倒闭、破产的占20%；生产经营有一定规模、效益好的只有10%左右。

为什么这些老字号企业走入被时代淘汰的绝境呢？关键是不能倚老卖老，中国很多老字号是被自己的"老"毙掉的。因此，对于这些百年"金字招牌"的突围，其关键是改与不改、变与不变、保守还是创新的问题。

跨境之困4：行业同质，举步维艰

在行业产品定位、传播诉求、营销模式不断同质化的今天，中国很多行业、企业的竞争已经偏向了：谁的广告打得更猛，谁的促销做得更狠！结果，成本是越争越高，利润却越争越薄，这种恶性的竞争怪圈，严重制约了很多企业乃至行业的发展，举步维艰。

也正是因为如此，企业如何才能摆脱这种同质化的噩梦，如何才能找到新的利润增长点，如何才能为企业的发展注入新的活力，成为让企业家们头痛的问题。

然而现实中，许多企业还没有摆脱噩梦，他们的品牌也正遭受着"短命魔咒"。如下表：

**短命品牌的"魔咒"**

| "魔咒" | 分析 |
| --- | --- |
| 长衰不盛 | 产品定位不准，没有建立产品核心竞争优势，市场不温不火，销量从未大幅提升 |

续表

| "魔咒" | 分析 |
|---|---|
| 未老先衰 | 刚开始市场表现还不错，呈现稳步上升的态势，但好景不长，由于品牌后续推广乏力，销量连年下滑 |
| 盛极而衰 | 一开始就投入巨资，大打广告战，品牌速成，声势浩大；但昙花一现，来也汹汹，去也汹汹，转眼之间，就动销艰难，甚至面临退市的危险 |

跨境之困5：新苗破市，挑战重重

有这样一个游戏：游戏者的角色是一条逐渐成长的鱼，它既要当心不被大鱼吃掉，又要不断从大鱼口中夺食，靠吃比自己小的鱼壮大自己，直至最后在海中称王称霸。这个游戏很生动地告诉我们一个自然界的基本法则：弱肉强食！

新企业、新产品就像游戏中那条需要成长的鱼一样，它要想不断长大甚至称王称霸，不仅要防止被大鱼吃掉，还要不断从大鱼嘴边抢食。

市场的竞争使得一些强大的竞争者有着最好的生存条件，它们早已树立了自己的优势：品牌、服务、渠道……可是作为新来的企业、新生的产品，该靠什么生存？也就是说，在能力、影响还没有形成的时候，用什么方式与对手周旋，争取生存下来，然后不断积累实力，加强自身的地位？

### ■ 跨界之径

跨界路径1. 匹配互补

跨界就像谈恋爱，是要讲究"门当户对"的，一个小学都没上完的农民工和一个留过洋的富豪女谈恋爱能成功吗？可能性很小，跨界也是如此。你的合作或融合对象，必须与你有一定的相似性、关联性，或者说，要有一定的"共同语言"，这种"共同语言"，是两者能够跨界融合的前提所在。这种"门当户对"具体表现为如下表：

**"门当户对"的具体表现**

| 表现 | 分析 |
|---|---|
| 要具有一定的匹配性 | 这种匹配性主要是一种契合性，说白了，就是要能"合得来"，强扭的瓜不甜，强制的跨界也很难成功，这种匹配性就决定了，不是任何两个事物跨界相加都可以成功 |
| 要具有一定的互补性 | 这种互补性决定了跨界策划的创新性，决定了跨界策划是一种优势嫁接，有一个"去其糟粕，取其精华"的提炼过程 |

跨界路径 2. 创新重构

不管是两个行业的共融，还是两种元素的叠加、跨界，大多时候都会表现为一种"你中有我，我中有你"的混搭创新。正是这种混搭创新，让跨界者不再是单纯的"你"，也不再是单纯的"我"，而成为一种新生，从而完成了一个具有高度竞争区隔力的优势嫁接。

跨界策划作为一种解构，关键的不是"分解"，而是"重构"。"分解"只是"重构"的前提或者说手段，无法达成"重构"的"分解"就仅仅是一种"分解"而已，并没有创造任何新事物，这就像小孩子玩的拼贴游戏，关键不是你拆了什么，而是你拼贴成了什么。所以，对于跨界策划来说，关键是创新，是跳出旧思维，开创新境界。

跨界路径 3. 适度跨界

跨界并不是没有限度地越远越好、越广越好，跨界只是企业在坚持自身核心优势和灵魂的基础上的一种适度跨越创新，跨界是以"我"为主体的，所以，跨界不能忘本，跨得太远，丢失了你的核心优势，这样的跨界便缺少了优势竞争力；跨得太广，四处出击，最终就会将你的本色不断淡化消失。

盲目多元化是中国企业失败的一个"通病"：一些企业经营者，在一个领域一旦获得成功，头脑就会发热，认为自己"无所不能"，于是就高举"多元化扩展"的大旗，四处攻城略地，而最后的结果往往是：多元化业务没有如期获得回报、企业资金链崩断、主营业务受到拖累……企业危机，不期而至！

### ■ 跨界主体、跨界客体、跨界方式

跨界主体即"谁在跨界"，跨界主体是跨界的主导者，而"知己知彼"才能"百跨不殆"，这个"己"就是跨界主体，所以，搞跨界策划，必须对跨界主体进行深入的自我审视，这种自我审视主要包括下表所示的几个方面。

**自我审视的几个方面**

| 问题 | 分析 |
| --- | --- |
| 我为什么要跨界？ | 跨界是为了解决自身什么样的问题，或者说跨界的背景和目的是什么？只有明确了这个问题，我们的跨界策划才能是有的放矢 |
| 我的跨界优势是什么？ | 这种优势往往是我们需要在跨界策划中予以保留的，是我们进行跨界市场竞争的刀刃 |
| 我的跨界劣势是什么？ | 与优势相反，跨界主体的劣势往往是我们在跨界策划中予以规避的，或者说需要我们设法弥补和提升的，是我们进行跨界竞争的短板所在 |

跨界客体即"跨向哪里"，如果把跨界策划当成一种 1+1 的加法创新，那么，跨界客体，就是那个被加者——那个"+"号后面的"1"，是"知己知彼"中的"彼"，对于跨界客体，我们同样需要分析其优劣势，要"取其精华，去其糟粕"，跨界策划是一种优势嫁接，是一种"利益联姻"，对于跨界客体来说，适合主体的才是最好的。

跨界方式即在选择了跨界客体之后"怎么跨"的问题，是跨界整合营销传播的具体运作模式，同样的跨界主体和客体，采用不同的跨界方式，其结果显然是不同的，而我们所需要的，应该是那个可以最优达成我们跨

界目的的跨界方式。

误区一：企业产业跨界，要广撒网才能多捕鱼

中国的企业喜欢搞多元化，吃着碗里的看着锅里的，哪里热闹就往哪里凑，所以，中国的企业都是"多脚的怪兽"，插足于不同的行业领域，但真正能站稳脚跟、跨出成绩来的寥寥无几，就像个花心的公子，在左拥右抱之下，最后连原配都保不住。

以海尔为例，从1995年开始，海尔相继进入厨卫领域、保健品领域、餐饮领域、医药领域、塑料领域、软件领域、物流领域、通信领域、电脑领域。随着品牌的不断延伸，在海尔品牌覆盖下的产品越来越多，海尔现有90多个门类，16000多种产品，显然一个企业大超市。

过度的品牌延伸，使海尔不知不觉陷入"品牌的虚影"之中："海尔"是冰箱、彩电，还是手机或者电脑？海尔品牌在消费者的印象中慢慢模糊了。以后，如果海尔不再收敛收敛自己的花心，说不定，在不久的将来，连海尔冰箱也会被人取而代之。

误区二：企业产业跨界，条条大路通金山

以"999"胃泰起家的三九企业集团，在打响了品牌之后，变得不安分起来。后来，三九集团依托"999"品牌开发出了三九啤酒，在消费者的心中，"999"就是胃泰的代名词。不知道当消费者在喝"999啤酒时，会不会联想到"胃药"。再者，众所周知，胃药是保护胃的，而饮酒过量会伤胃，这种完全相反的非相关品牌延伸，使"999"的品牌内涵变得荒诞搞笑。

一个成功的特定品牌，会在顾客心中产生鲜明牢固的印象，并且给人带来丰富的联想，品牌延伸要取得成功的关键在于，尽量与原品牌保持密切的契合感。香港科大商学院市场营销研究中心主任温伟德教授解释说，所谓的"契合度"，从企业角度看，指的是"战略契合度"，从消费者角度

来看，则是"感觉契合度"。

进行品牌延伸和扩张时，主导品种与延伸品种一定要有关联性和统一性。若主导品牌与延伸品牌无关联甚至相悖，延伸的品牌就会失败，并株连主导品种。

无论是外贸企业的内销之困，区域品牌的全国突进，短命品牌的延寿保鲜，还是老行业谋求新增长，老字号欲求新生机，新产品力求大突围，如何应对这些市场困境，是中国企业必须思考的，当我们在探寻解决之道的时候，会发现，我们需要新的思维、新的方法。

今天，消费者的需求模式已经变了：人们对于一杯果汁、一辆汽车，不仅仅只是希望解渴或是作为一个代步工具，而是已经具有更加多元化的"需求渴望"——健康、时尚、个性等，而面对这种需要你随之附加的需求渴望，如果仅仅是在本行业内寻求"解决方法"，是难乎其难的。就拿云南白药牙膏来说，作为一支牙膏，如果不是依托医药科技，如何才能达到在洁齿的同时还能有效改善牙龈出血、口腔溃疡等口腔问题的目的呢。

所以，当不同行业、领域发生交叉时，各种观念碰撞、融汇，我们往往才能获得出其不意的创新，才能生产出消费者真正需要的东西；反之，缺少跨越式的破界思维，就没有跨越式的创新可能。

事实上，如今的时代，产品和品牌过剩，已经不是以前供不应求的卖方时代了。就拿去屑洗发水来说，1988年海飞丝洗发水提出"能够去头皮屑"的定位，成就了其去屑市场"江湖老大"的地位，而后，各路挑战者纷至沓来，从1997年采乐的"药物去屑"到2000年风影"去屑不伤发"、2003年雨洁的"去头屑，用雨洁"、2004年蒂花之秀"去屑升级，无屑可击"，还有今天的霸王、清扬、百年润发，各说各的理，在中国去屑市场上上演着一场同质化的"百家争鸣"！

在一个产品同质化充斥的市场，弱势企业要活命，只得跟在大企业后面亦步亦趋地效仿，总想用价格的匕首把对手逼向死胡同。结果，价格战成为中国企业利润率快速降低的直接原因，成为中国企业无法摆脱的市场噩梦。

## ✚ 产业跨界："走出去"的智慧

产业跨界，让一个企业通过跨产业的融合创新走出了一条产业多元化的发展壮大之路！

产业跨界，你需要有走出去的勇气、实力，还需要有走出去的智慧！

产业跨界，对企业来说，实质上是一种产业多元化的发展战略，而对于产业多元化，国内企业界一向充满了各种争议，在被称为管理学"圣经"的巨著《管理：使命、责任、实务》一书中，著名的管理大师德鲁克曾专门论述过企业的多元化，他说："多元化本身并不是应该谴责或者推荐的。多元化是高层管理者的一项主要任务，是对企业应该采取什么样的以及采取多少多元化所进行的决策，以使企业能够发挥它的优势，从它的资源中取得最佳结果。"

根据德鲁克的观点，多元化是为了发挥企业的优势，并取得绩效。那么，什么是企业的优势呢？事实上，这个优势是因企业而异的，但在学术界和营销界有一个统一的称谓来概括这种优势，那就是企业核心竞争力。

对于企业核心竞争力，不同的人，从不同的角度，有不同的定义，可以是战略、技术、资本、质量、渠道，也可以是品牌、速度、创新、组织方式、人力资源、企业文化等，北京大学光华管理学院张维迎教授曾有过这样的描述，他认为企业核心竞争力具有"偷不去，买不来，拆不开，带不走，溜不掉"的特点。从这些定义和描述，我们可以得到几个确定性的结论。

核心竞争力在表现内容上是多样化的，每个企业都有不同的核心竞争力。

核心竞争力有很强的独特性，是别人没有或别人在某一方面不可超越的。

核心竞争力是一种市场竞争优势，它是一个企业开拓市场的竞争"核"武器，凭借这个"核"武器，你要么能以较低的价格提供与竞争对手相同的产品或服务，要么可以提供竞争对手无法提供的特殊产品或服务，即竞争战略之父迈克尔·波特所说的成本优势或差异化优势。产业跨界的关键，就是要拥有这么一件"核"武器，如果没有它，你的市场打击力度就难以取得爆破性的效果，就难以抵御市场上的竞争。

### ■ 企业如何实现产业跨界？

**1. 产业跨界，必须要构建竞争优势**

我们身处于一个产品极其丰富的市场，在我们身边，或明或暗地，总是会存在很多市场竞争者，我们想要站稳脚跟，想要获得更大的生存空间，就必须使自己的产品"鹤立鸡群"，也就是说，要具有抗衡竞争对手的市场竞争优势，所以，作为一种策划方法，产业跨界策划必须以建立市场竞争优势为目标，反之，如果一项产业跨界创新在开始时，不以取得竞争优势为目标，那么凭借这样的策划，我们就不可能在市场中站住脚跟，而要成为"鸡群之鹤"，产业跨界创新，就必须在某一方面取得领先的地位。

云南白药牙膏之所以能够成功实现从医药向日化的产品跨界，就在于其依托白药品牌优势和医药科技优势构建了比传统牙膏更专业的功能优势，改变了传统牙膏只注重洁齿的清洁性日化功能，开创了改善口腔问题、护理口腔健康的功能性牙膏领先品牌。

2. 产业跨界，必须要考核市场潜力

想当年，不管摩托罗拉在中国市场首推的 PDA 及其"铱星"电话在当时是怎样的尖端，万燕 VCD 在当时是怎样的新潮，微软的"维纳斯"计划是多么完美，它们的市场结果都以惨淡收场。为什么？一个根本的原因就是它们太过重视消费者未来或潜藏深处的需求，而忽略了一个关键性的问题：我需要怎样的市场培育、需要怎样的市场代价才能唤起消费者的潜在需求？

每一个产业跨界创新产品，都有一个目标市场，都有一个目标消费群体，而这个目标，就像一个"鸡蛋"，我们的根本目标是要让"鸡蛋"生"金"，但是，不同的"鸡蛋"，其孵化过程是不一样的，有的孵化得快，三五个月就能大见成效，有的孵化得慢，三五年也还处在半温不火的状态，甚至有的根本就孵化不出来，到头来只是浪费了你的时间、精力、资源。所以，产品跨界策划创新的一个标尺性条件，就是必须衡量跨界产品所面对的市场潜力或容量，足够的市场容量是产品进入市场的必要条件，没有谁愿意做那种"投入大、产出小"的赔本买卖。

3. 产业跨界，必须要量力而行

企业产业跨界策划，必须切合企业自身条件，量力而行，这里的"力"主要包括两个方面。

一是品牌支撑力，即跨界产品与原有产业品牌的关联度，关联度高，原有品牌对跨界产品的营销传播支撑力就会高，就容易成功，反之，关联度低，跨界产品与原有品牌"牛头不对马嘴"，失败的可能性就大。以云南白药牙膏为例，其成功就在于云南白药品牌对云南白药牙膏功能的品牌支持。关联性强的跨界产品对原有的品牌来说是一个合理的延伸，表现在消费者层面就是更加容易接受这样品牌下的产品。

二是资源支撑力，企业原有的可利用资源是跨界产品市场营销传播的物质性基础，能否充分嫁接原有的可利用资源往往对跨界产品市场运作成功与否起到事半功倍的作用。原有的可利用资源包含面非常广泛，包含了渠道资源、研发资源、生产资源等多个层面。在对原有资源的充分利用上，应充分考虑的是企业原有的核心能力或核心优势，通过资源跨界嫁接，最终达成的是对企业核心能力或核心优势最大限度的利用和发挥。

# ✚ 产品跨界：总能找到市场空间

海尔集团老总张瑞敏有句话说得好："没有饱和的市场，只有饱和的思想。"对企业来说，市场永远是公正和平等的，只要企业瞄准市场创新产品，总会找到市场空间。

在今天琳琅满目的产品世界，我们会看到越来越多的跨界型产品——它们是行业的混血儿，是行业规则的变革者，可以说，跨界已经成为产品创新的一个主流趋势。

### ■ 品类第一，品牌第二

产品和品牌有什么不同？为什么买奔驰的人不会把雪佛兰放在眼里，因为"它不是奔驰"，品牌就像是一件神奇的外衣，一旦某个产品穿上了它，就会"身价倍增"，是众多企业经营者日想夜梦的东西，然而，品牌的成长的确是一个艰难的过程，功成身就者寥寥无几，为什么？做产品易，做品牌难！在今天这个跨界消费时代里，品牌的成长离不开跨界，而品牌成长背后的关键是品类！

"品类，是商业界的物种，是隐藏在品牌背后的关键力量"！这是《定位》的作者里斯在《品牌的起源》一书中说过的一句话，他用物种来代喻品类，实在是恰当之至。究竟什么是品类呢？

品类首先是一个"类"，既然是"类"，就有横竖界限，就有识别标识。

对于品类来说，作为"类"，有两个显著特征，一个是其区隔性，一个是其标识性，首先，品类就是一种区隔策略，而且是一种"决裂"'式的差异化区隔，正因为与其他市场竞争对手有着本质性、根本性的不同，才形成了一个"类"，同时，作为一种"类"，就像一个人，就要有名有姓，就要有自己的特征、自己的个性，也就是，要有"类"的独特识别标识。

品类就是市场细分，是在一个大市场中树立自己的"小山头"。从市场的角度讲，品类是在对市场做进一步的细分，或者说，是在创造新市场的同时，让市场更加丰富化，品类的开创，为企业在一个大市场中树立了自己的"小山头"，在这个"小山头"上，企业有了自己的自足之地，同时，以这个"小山头"为基地，可以不断蚕食"山外"市场，最终，"小山头"也会由小变大，开创一个市场高峰！

品类是一个群体，而不是一个个体，你可以成为一个品类开创者，但不能成为孤家寡人。

品类，由于具有独一无二的竞争优势，所以对于品类开创者来说，就具备了一种先天性的引领力量，可以成为市场的领导者，同时，一个品类的成功，必然会引来很多市场追随者，这些市场追随者会与品类开创者一起把市场做大，红花还需绿叶配，一个有竞争的市场才是一个良性的市场，品类最终会成为一个品牌群体，而不是"独钓寒江雪"的品牌寡头。

### ■ 企业如何实现品类跨界？

做市场就像割稻子，如果说品牌是一把镰刀，那么品类就是镰刀的刀锋。

无锋的镰刀只能望"稻"兴叹！品类的这种刀锋作用在于其贴合消费者需求的产品区隔性。任何品牌，之所以在消费者心中占有一席之地，就在于其与众不同地迎合了消费者的需求喜好。

"品类第一，品牌第二"，取决于品类对于品牌的先决性价值。品类的开创，可以让你独享一个市场，可以帮你节省传播费用，甚至可以形成一层天然性的竞争保护屏障。那么，要如何跨界才能开创一个新品类呢？我们具体分为三步。

第一步：机会点分析

跨界之前，首先我们需要做的就是对机会点的分析。所谓"机会点"，就是我们有机会拓展市场的一个切入点，对于机会点的探寻，要做到四看。

看自己：自己的核心优势是什么？

品类的开创，往往是企业和产品自身核心优势的体现，如果连自己的核心优势是什么都没弄清楚，一旦品类定位偏离了自身核心优势，品类就会变得"虚而无力"。以云南白药牙膏为例，其功能定位如果没有白药百年医药科技为依托，也不会那么容易成就中国功能牙膏第一品牌。

看对手：对手的弱点在哪里？

品类的开创，要"扬己之长"，也要"击敌之短"。品类之所以成为品类，不仅仅要在一些相同点上做得更好，而且它还有同类产品所不具有或不擅长的利益诉求。云南白药牙膏作为一支改善口腔问题的功能性牙膏，其成功就在于抓住了普通牙膏重洁齿轻护口的弱点。

看消费者：消费者需求的喜好特征和趋势。

任何品类的成功，都是建立在充分的消费者需求基础上，没有对消费者的准确把握，品类就成了"自说自话"，所以，品类的开创，一定要对消费者需求的各个层面进行深入、细致的分析，从消费者的心中找寻品类，而不是单单从自己的脑海中找品类。

看市场大势：对整个市场要有一个宏观的认知。

品类，往往也是应势而生，这个"势"，就是社会大势、时代大势、市场大势，是消费者群体性的心理趋势。云南白药牙膏的成功，也是建立在对"势"的把控之上的，这个"势"就是中国药妆产业的兴起和功能性产品的繁荣。

第二步：跨界融合

在找到机会点之后，就要围绕机会点进行跨界融合，跨界是一种不同行业、不同元素的适应性重组，就像是在组装一台机器，要让它的每一个零部件都在最合适的地方发挥最大的作用，这台机器才能正常而高效地运转。

在跨界融合之前，一个首要的问题就是：往哪里跨？或者说是融合谁。这个问题是建立在企业对自身优势、竞争对手弱点、消费者需求及市场大势等诸多方面的综合分析基础上的，不管最后的选择是什么，但最终的目的是相同的，那就是通过跨界融合，找到一个可以建立在消费者需求满足和顺应市场大势基础上的，可以以自己之长，攻对手之短的市场切入点。

第三步：品类定位

品类定位就是要给品类一个明确的方向，要解决"我是谁"的问题。品类定位的描述模式通常有以下三种。

**品类定位的描述模式**

| 模式 | 分析 |
| --- | --- |
| 第一种 | 优势定位法即以产品在文化、科技、品质等方面的优势为切入点进行产品品类定位，如云南白药牙膏是依托医药科技研发生产的一款高档牙膏，这里的优势往往具有很强的超越性和不可替代性，是"你无我优、你有我优"的体现 |
| 第二种 | 功能定位法即以产品在作用功能上的开创性为切入点进行产品品类定位，如云南白药牙膏是具有改善牙龈出血、肿痛、口腔溃疡等口腔问题功能的一款高档牙膏，产品的功能特征往往是消费者进行消费选择的一个首要性因素，所以功能定位法往往更能打动人心，但需要以确实有效的功能突破为基础，而且还要有较强的功能可信度 |
| 第三种 | 人群定位法即以产品在使用人群上的特殊性、针对性作为切入点进行产品定位，如云南白药牙膏是城市白领专用的一款高档牙膏，这种定位方法往往可以直接锁定目标人群，但同时要求产品需要有较强的人群专用性，或者说是某一人群从未有过的专用产品 |

# ✚ 人群跨界：锁定目标消费者

每个产品都有自己特定的消费群，企业根据消费者文化观念、消费收入、消费习惯、生活方式的不同制定品牌推广战略和营销策略。而人群跨界的关键就是要把握目标人群的需求特性，这种需求特性主要包含两个方面：一是差异性；二是潜在性。

20世纪50年代中期，美国学者温德尔·史密斯提出了一个观点，他认为顾客的需求存在异质性，即并不是所有顾客的需求都相同，只要存在两个以上的顾客，需求就会不同。由于顾客需求、欲望及购买行为是多元的，所以顾客的需求满足呈现差异。这就和"世界上不会存在完全相同的两片叶子"是一个道理，人群跨界，"界"从何来，就是这种需求差异性，所以，首先我们需要对这个客观存在的需求特性进行一个较全面的认识。事实上，这种需求差异性主要表现为以下三个方面。

### ■ 1. 不同的人，对产品品种的需求不同

中国有十三亿人，不同的民族、不同的地区存在着各种消费差异，即使是同一民族、同一地区，也会因为性别、年龄、职业、知识层面、性格等不同而需要不同的消费产品。就拿酒类消费来说，蒙古族的人喜欢喝奶酒，江浙地区的人比较喜欢喝黄酒，中国人喜欢喝白酒，外国人喜欢喝啤酒、红酒，当然，还有很大一部分人不喜欢喝酒。

### ■ 2. 不同的人，对产品档次的需求不同

马斯洛需求层次理论，把人们的需求分为：生理需要、安全需要、社会需要、尊重需要、自我实现需要五个层次。马斯洛告诉我们，由于经济因素的影响，人们的需求行为总是从低级需求向高级需求发展，只有当低一级的需求得到满足时，人们才开始追求高一级的需求，在不同的层次，对需求的要求也各不相同。简而言之，就是有钱人和没钱人、文化人和土老帽的区别。

### ■ 3. 不同时代的人，需求是不同的

每一个时代都有自己独特的文化取向，生活在不同时代的人对产品的需求也存在着极大的差异，比如，60后、70后、80后、90后，其消费需求在很多方面都有天壤之别：年轻人都不喜欢听京剧，老一辈人一般对电脑这些高科技产品都不怎么感冒。

就是因为这种种的需求差异，决定了我们的企业在面对不同类型的消费群体时，需要开发不同类型的产品，在传播和营销上也要采取差异化而

具有针对性的策略,所以说,人群跨界的首要一步就是:彻底洞察你的目标人群的需求差异性。

### ■ 企业如何实现人群跨界?

1. 激发消费者的潜在需求

人群跨界的另一个关键性问题是:单单给顾客他们现在需要的是不够的,很多时候,我们必须告诉顾客:你需要的是什么。也就是说,你必须能激发消费者的潜在需求。

一位哲学家说:人类除了生存的基本需求是真实的以外,其他都是虚幻的。什么意思呢?就是说人除了吃饭、喝水、保暖穿衣等一些基本的、必须性的需求外,其他需求都是我们后来附加上去的,从某种意义上说,是可有可无的东西,你说汽车、电脑是必需品吗?没有汽车、电脑我们就不能活吗?显然不是,汽车、电脑只是让我们可以生活得更好而已,这类产品的需求和吃饭、喝水不一样,它们需要你去进行市场教育和说服,是一种被动性的需求。

那个广为人知的业务员非洲卖鞋的故事就说明了需求激发的意义:两个业务员到非洲去卖鞋,发现非洲人都不穿鞋。一个业务员说,非洲人不穿鞋,这里没有市场。而另外一个业务员则说,不对,非洲人都没鞋穿,这里的市场一片大好。这个故事就是要告诉我们,卖鞋关键的是在他没有鞋的时候告诉他"你需要鞋"!

事实上,今天我们的很多新产品推广,都是在激发人们的潜在需求,你可以把自己定位为一个"人类欲望的引导者、蛊惑家",也可以把自己定位为"市场需求的创造者",而这种创造的成功是以你说服了消费者为标志的。

人群的跨界拓展能否成功,就在于你能否说服消费者:你需要我的产品！你必须把一个"非必需品"变成一个"必需品"，所以，所有的传播行为都必须强烈地传递这样三个字：你需要！而理由，就需要你去动脑筋了，也许是健康，也许是品质，也许是时尚，能打动人心的理由就是好理由！

2. 品牌延伸，开发新品

根据产品生命周期理论，每一个产品都会有它的导入期、成长期、成熟期和衰退期。在不同的产品生命周期阶段，应该采取不同的品牌推广策略：产品在导入期的时候，需要对消费者进行产品功能特点等物质属性的市场教育，主要解决"我是谁"的问题；而产品进入成长期时，产品的市场竞争越来越激烈，这时就需要强化产品的USP概念，用差异化利剑迎战竞争对手；当产品进入成熟期，市场增长空间就会越来越小，这时就需要进行产品品牌的纵向或横向延伸，细分市场，开发新产品，丰富产品线，以最大化地延伸产品品牌的市场触角，不断拓展市场目标消费人群。

很多国际品牌的手机，推出新品的速度都很快，几乎是每月一款新品。食品业的巨头台湾顶新公司，不断推出茶饮料的新品，可口可乐、百事、麦当劳、肯德基等国际大品牌也是如此，不断地创新产品，不断地刺激消费，提升自己产品品牌的市场覆盖度。

如果说上面所说的是一种品牌相关性的横向延伸，我们同时也可以进行非相关性的品牌纵向延伸。品牌作为无形资产，是企业的战略资源，当品牌在一个行业内有了较高的知名度和美誉度后，利用这种品牌认知资源，开发其他类型的产品，一方面在新产品上实现品牌资产的转移，为企业带来新的利润增长点，另一方面以新产品形象拓展了原有品牌的市场人群，因而成为企业的"一箭双雕"之选。

在品牌延伸开发新品的过程中，原品牌对新产品有一种"雨伞"式的保护和支持效应，业内专家将这种效应称为"品牌伞"效应。

消费者对新产品的接受有一个过程，企业利用品牌延伸策略，推出新产品，消费者由于对原有品牌的认识，会缩短对导入期"产品认知"的过程，即"品牌伞"效应。因为原有的成功品牌在市场中确立了良好的知名度和美誉度，这种品牌形象为新产品的市场营销提供了强有力的信任支持，这样，品牌延伸下的产品就更容易为消费者所认可和接受。因此"品牌伞"效应不仅有利于新产品的迅速推广，而且还有利于节省新产品推广所需的广告宣传促销费用。

## ✚ 传播跨界：短时间内提升品牌知名度

传播，作为一个产品信息的市场传递和消费说服过程，根据其构成要素，传播跨界主要包括四大类型：传播媒介的跨界，传播形式的跨界，传播内容的跨界和传播地域的跨界。

### ■ 传播跨界，选择是关键

传播媒介是指传递信息的工具和手段，比如杂志、网络、报纸、广播、电视、手机等与传播技术有关的媒体。

今天的中国企业可以选择的传播媒介很多，既有传统的，也有现代的，而传播媒介跨界的关键在于找到适合自己的那一个传播媒介，要如何选择呢？有以下几个因素需要考虑。

选择适合自己的传播媒介需要考虑的因素

| 问题 | 分析 |
| --- | --- |
| 你的目标人群都接触哪些传播媒介？ | 不同的传播媒介，其受众是有极大差异的，听广播的多是中老年人，看报纸杂志的多是白领办公族，而上网的就年轻人多一些，即使是同一种媒介，也有巨大差异，以电视为例，不同的电视台、不同的电视栏目，其受众都不一样 |

续表

| 问题 | 分析 |
| --- | --- |
| 你要传播什么样的内容？ | 选择传播媒介，还应当根据你要传播的内容而定，因为各类传播媒介在传播方式、传播可信度、及时性等方面都有较大差异，如果是一个促销活动，报纸、电视、广播媒体最及时，如果是一篇含有大量技术资料的论文，一些专业杂志就是最佳之选 |
| 你的传播目标范围有多广？ | 每一个传播媒介，都是有其传播范围的，报纸、电视、广播都会分为全国性和地方性两大类，你必须确定你想要传播的目标人群所在的地理范围，进而选择与之相适应的传播媒介 |
| 你的传播预算是多少？ | 传播媒介的选择，多少都要受到传播预算的制约，尤其是那些"囊中羞涩"的中小型企业，在既定的传播预算下达到最好的传播效果，是每个企业都希望的，传播媒介虽然不能完全决定你的传播效果，还有传播内容、传播方式等诸多因素，但传播媒介是这些影响因素中最基础的 |

传播媒介的选择，包含两个层面的含义：一是选择哪个媒介；二是选择哪些媒介，后者就是指媒介组合策略的制定。

■ **企业如何实现传播跨界？**

1. 创新是根本

在今天这样一个广告漫天喊的市场环境中，面对日益成熟和个性化的消费者，我们越来越悲哀地发现：消费者对我们的广告开始投以一种不信任、不耐烦的目光，广告的作用似乎越来越小，但是我们又不能不打广告，于是就形成了这样一个怪论：打广告有用吗？不打广告肯定没用吗？

问题出在哪里呢？还是企业自身出了问题，消费者需要的不是广告，而是一个更可信的消费顾问和一套更实用的解决方案，企业需要在传播理念和模式上进行创新，提高传播的可读性和可信度，提升传播对消费者的吸引力。

企业要突破传播瓶颈，就应该对传播形式、手段不断地创新，努力发现、打造适合自身的、独特的传播模式。企业如何才能找到这个"独特的传播模式"呢？企业要注意以下两个方面。

**找到"独特的传播模式"**

| 路径 | 分析 |
| --- | --- |
| 要勇于跨界创新 | 很多行业本身有一些固有的传播模式，这些传播模式是与行业自身的一些特点相适应的，比如医药保健品行业喜欢软文传播、会议传播，这些传播模式都是行业发展智慧的结晶。你需要把自己传播创新的视角投向所有的行业，乃至更广阔的社会领域，去借鉴和吸收一些可以为我所用的传播手段 |
| 要注重出奇制胜 | 正所谓"出奇兵者，无穷如天地，不竭如江河"。从古到今，出奇制胜的案例不胜枚举，从军事战争、政治外交，到企业的市场行为、商业活动……往往是"出奇者"获胜，而对于企业的传播活动来说，既要创"新"，也要造"奇"，事实上，这两者是相辅相成的，出奇的传播，可以为传播的吸引力额外加分 |

对于中国企业来说，我们不能再固守以前的一些传播模式，尤其是当这些传播模式已经被消费者越来越熟知和厌烦的时候，我们必须加快创新的脚步，打造自身"独特的传播模式"！

2. 独特是核心

传播内容，也就是要"说什么"的问题，在一个市场不断同质化的时代，一个好的传播诉求，无疑可以成为你突破重围的一个有力跳点，成为你赢得消费者青睐的一个重量级砝码。

企业在开展传播活动时，其传播内容或诉求必须具有差异性，而这种差异性还必须满足两个条件：利益承诺和强有力，而传播内容的跨界，核心就是要通过跨界嫁接获得差异化的传播诉求。

产品传播内容的跨界创新，不能脱离产品本身的核心竞争力，而应该是这种核心竞争力的强化，产品的核心竞争力一般表现在：突破性或卓越的功能，新技术、新原理、新材料，时尚的款式、外观，人性化的设计，易用、过硬的质量和到位的服务，独特的产品文化内涵等。

3. 差异是本质

传播地域的跨界，其核心就是企业根据不同区域的市场差异有针对性地采取不同的传播策略，来更好地满足目标顾客的需要，更有效地占领市场。这种差异化传播不仅是基于地区目标顾客的不同，还基于地区文化、市场竞争态势等各方面的不同。随着我国市场发展的日趋成熟，不同区域市场在需求、竞争、环境、渠道等方面的差异性逐步显现出来，这就要求企业的传播活动从全国市场无差异传播走向区域市场差异化传播。

企业实施区域市场传播战略不仅可以更好地满足不同地区消费者的需求，还可以提高传播活动的针对性和效果。在今天这样的市场环境下，试图用一种统一的传播战略去适应不同的区域市场，是不现实的。而不顾区域市场差异的传播活动可能导致企业在各个区域市场上的集体落败。

企业要如何实施区域市场差异化传播战略呢？首先，是产品的差异化，包括产品组合的差异化和产品开发的差异化两个方面，前者比较简单，如针对消费水平低的地区加大低价位产品的比例，针对文化开放、消费水平高的地区增加时尚类、高价位产品的比例等；而产品开发的差异化，是指针对特定区域市场开发特定的产品，包括产品功能的差异化、款式的差异化、包装的差异化等。

不仅要有差异化的产品，在传播诉求、传播媒介选择、传媒手段上，也应该根据具体地域市场的差异化特点采取不同的传播策略，可以说，传播地域的跨界，是一个传播上的跨地域整合再造，你的整个传播体系都必须调整到最合适的传播进攻方位。

另外，需要注意的是，实施区域市场差异化传播不能脱离品牌定位。任何一个品牌都有其特定的目标市场定位，区域市场传播活动更不应该偏离品牌定位。譬如某品牌定位于"月收入一万元以上的家庭"，如果为了适应某个低消费市场的需要而降低产品档次，就是偏离了该品牌的市场定位。产品定位不能偏离，但产品的款式、风格、辅助功能等可以因地域的不同而做出适当的调整。

## ✚ 渠道跨界："得中原者得天下"

"得中原者得天下"，今天，在中国竞争最为激烈的几大行业，如PC、手机、家电、空调等中，这句战略术语已被演绎成：得渠道者得天下。尤其是面对国外企业和品牌巨头的市场抢滩，当中国企业在市场竞争中不具备技术与品牌优势时，甚至国外企业已通过在中国设立工厂而获得同样的成本优势时，渠道被认为是中国企业最后的筹码。

■ **渠道选择：寻找最适合自己的**

在企业设定渠道战略时，最首要的一个问题就是渠道的选择，每一个企业经营者都会问，自己选择什么样的渠道才是最好的，事实上，对于企业来说，渠道的选择永远没有最好的，只有最合适的。

比如，对于一些大件的电视机、空调等电器产品来说，我们可以在北京、上海等中心城市设立专卖店，而在更多的中小型城市，依靠经销商的渠道网络来完成终端铺货；对于雪糕、饮料等快销品，我们就会为降低运输费用而烦恼，很多企业都会在目标市场附近建厂，在一定的运送半径内，利用渠道成员把市场做深做透。

可见，在渠道选择之前，我们需要做一个深度的自我剖析，三思而后行！

■ **渠道跨界选择要"三思"**

一要考虑消费者需求特点。只有建立在消费者的购买行为和购买心理基础上的渠道选择，才能与顾客做到"心渠相印"，所以，顾客与渠道的互动是成功实施渠道战略的基础。在渠道跨界选择之前，我们需要通过对目标消费者做一个深度的渠道需求分析，从而找出消费者显性和隐性的渠道需求心理，以最贴合的产品渠道满足消费者的需求。比如对于油、盐、酱、醋、糖果等消费者习惯于一次少量购买，但要经常买的快销品，就要求多设零售网点；反之，对一些消费周期长的耐用消费品，就可以少设网点。

二要考虑产品概念特点。不同的产品定位概念对于渠道的选择也有着决定性的影响。比如，一个新的饮料产品，企业若将它定位为普通饮料，那么就属于快销品，该产品的渠道终端就要设计为密集型销售，选择超市、便利店、饭店等传统饮料渠道；如果把该产品锁定为功能性产品，可以辅助治疗疾病，渠道选择就要采取以保健品市场为主，走专供的保健品渠道或者医药渠道。

三要考虑市场环境特点。对于经济发展水平高的重点市场，企业应当以直销为主，一方面集中资源大力推广新产品，另一方面通过建立样板市场，影响和带动其他市场区域的销量；而对于经济发展水平尚不发达的区域，可以采取经销商为主的渠道策略。企业可以通过强化对经销商的资源支持和销售指导，和经销商一起把市场做大。

其实，不管要考虑什么样的渠道选择标准，有一点是肯定的，那就是渠道的选择就是要将产品以最少的时间、通过最短的路线送达消费者方便购买的地点。正如业内人士所说的，畅通、高效的渠道分销模式，不仅要让消费者在适当的地点、时间以合理的价格买到满意的商品，而且应努力提高企业的分销效率，争取降低分销费用，以尽可能低的分销成本，获得最大的经济效益，赢得竞争的时间和价格优势。

### ■ 企业如何实现渠道跨界？

1. 撒网：提高市场覆盖率

提升产品在市场终端的覆盖率，一直是我们进行渠道营销的重要目标，在一般情况下，我们都要求无缝覆盖，使渠道各个环节都充盈我们的产品，因此渠道的广度问题就必须解决：我们的产品要进入各种不同类型的终端，尽可能地扩大目标消费者与产品的接触面，拓展终端销售点密度。

2. 渠道终端布点的多与少

众所周知，渠道终端布点太稀，不利于充分占领市场，然而，渠道终端布点，也不是越密越好——布点太密，可能加大销售成本，而且销售效率也可能大大下降，并加剧各销售点的冲突与矛盾。因此，如何维持终端销售点的适度布点，就成为我们进行渠道广度决策的关键。

渠道终端广度决策的基本任务就是确定企业在目标市场利用多少渠道成员来销售产品，从而最大限度地提高产品分销的效率。

3. 深做渠：深度分销做细活

有人也称之为通路精耕，是通过减少原有渠道层次，并增强中间商分销能力或通过企业自建渠道，扩大终端市场的广度（覆盖面）和密度（占有量），并增强渠道控制能力，提高渠道忠诚度，从而提高顾客购买几率的一种新型销售模式。

深度分销，说白了，就是厂家对于渠道网络运作有很深的参与、占有主导地位的一种分销模式，是一种严格监控式的渠道管理方式：厂家负责业务人员的管理、网络的开发、终端的维护、陈列与促销的执行等主要工作，经销商只负责部分物流和资金流。这种渠道分销模式有以下三个特点。

厂商关系更紧密了，通过深度分销，厂商利益和目标更加一致，厂商之间的关系不再是松散的利益关系，而是紧密型的战略伙伴关系，不再是简单的买卖关系，而是密切的管理与合作关系。

渠道管理更精细了，以前的销售渠道管理，企业只重视总经销或一级批发商，忽视终端管理，而通过深度分销，企业可以加强各级渠道成员的管理与沟通，从粗放式的渠道运营发展成精细化渠道运营。

市场秩序更规范了，通过深度分销，企业可以加强产品、价格、渠道和销售区域的管理，可以有效地抑制越区窜货和随意变动价格等市场违规现象。

# ✚ 文化跨界：成为"互联网＋"时代的超级企业

"一般企业做产品，一流企业做标准，超一流企业做文化。"

在工业经济时代，我们可以依靠差异化的产品技术和质量击垮对手，但在产品同质化、消费个性化日益成为趋势的今天，一个没有文化个性的产品越来越难以在市场上生存，文化营销正在凸显其强大的市场竞争优势，从而成为众多企业和品牌决胜市场的一个撒手锏。而文化的跨界是实现文化创新营销的最重要的手段！

■ 星巴克的文化跨界思维

"如果我不在办公室也不在家，那就在星巴克；如果我不在星巴克，那就在去星巴克的路上。"

星巴克卖的不是咖啡,而是一种"第三生活空间"的独特文化体验。其实,这就是星巴克的一种文化营销,这也是星巴克之所以能够取得伟大成功的关键所在。星巴克认为,它们的产品不单单是咖啡,咖啡只是一种载体。正是通过咖啡这个载体,星巴克把一种独特的文化体验传达给消费者。在星巴克,咖啡的消费已经不是一种物质消费,而是上升成为一种感性的文化层面上的消费,咖啡的芳香、味道,家具的摆设,壁画的装饰,音乐的旋律……咖啡店所营造的环境文化深深地吸引着每一个进入星巴克的消费者,并形成了一种独特的文化互动和沟通,传达着星巴克品牌的文化魅力。

1. 文化营销是以消费者为中心的

文化营销使消费者在消费产品的过程中,既可以满足物质需求,又能满足产品或企业文化所带来的文化需求。

2. 文化与营销的互动、交流

文化营销在产品文化与消费者文化的交汇处挖掘闪光点,实现产品的差异化传播诉求,并把这种文化闪光点融合到营销的全过程,达到文化与营销的互动与交流。

3. 文化营销的应用在"产品"中植入文化

对产品进行文化植入,就是赋予产品独特的文化个性和精神内涵,使产品不仅可以满足消费者物质层面上的功能需求,还需满足消费者的精神层面上的文化需求。这种产品的文化植入最直接的表现就是产品的命名,很多烟酒,如中华、红塔山、大红鹰、水井坊、孔府家、小糊涂仙等,这些产品名都是文化味十足,传达了某种文化主张。

4. 在"传播"中植入文化

对传播进行文化植入,就是指在传播过程中的文化包装,包括传播诉求的文化表达、传播氛围的文化营造等，例如西塘老酒，我们将其品牌诉求定为"千年古镇，百年陈酿"，不仅卖酒，更卖古镇、卖历史、卖经典，在这一传播诉求基础上，我们从包装到各类广告形式的主要设计画面为西塘进行了视觉形象再造工程，其中借助古镇、石桥、小河为主要视觉意象，高度还原了品牌背后的经典古镇文化气息，赋予了品牌浓郁的经典魅力。后来，我们又将这一品牌文化内涵延伸为"烟雨西塘，老酒情长"的传播诉求，使古镇老酒的经典魅力更加凸显。

### ■ 企业如何实现文化跨界？

*1. 细致的消费者文化调查*

文化营销中的文化是目标市场消费者与产品文化的契合，因此，文化跨界营销，首先要深度分析和研究目标市场的消费者文化，主要包括目标市场的风俗习惯、文化环境、人口特征（包括民族、学历、人口比例等）。

只有深入了解了这些文化特征，你才能在产品开发和传播包装过程中，做到有的放矢，才能在迎合目标消费者文化喜好的基础上赢得消费者的市场青睐。

*2. 发掘自身独特的文化内涵*

每个产品或企业都或多或少地有一定的文化背景，你需要掘地三尺，把一切可以彰显自己文化内涵的东西都翻出来，这些东西，就是属于你自己的文化财富，或者说是一种文化竞争力。以"茂昽松茸"来说，松茸这一产品本身就具有很丰富的文化背景：它是国家二级濒危保护植物，极为珍贵，而"云南松茸"完全可以成为继云烟、普洱茶后，云南又一个高端的文化"名片"。

这些产品的文化背景都是可以大做文章的，而像云南白药、孔府家这些文化型企业更是有着不可替代的文化竞争优势。

3. 找出文化跨界共鸣点

在文化研究上知己知彼后，你就可以在自身文化优势和消费者文化需求特征之间找到一个可以连接两者的共鸣点，从而对产品进行文化定位，这种文化定位，除了要兼顾体现自身优势和满足消费需求外，还有一个很重要的方面，就是要有一定的文化差异性或独特性，不能跟其他同类产品的文化诉求一样，而是要有文化个性才行。在找寻到文化定位后，就可以在产品包装和传播的各个层面进行文化植入了。

# 结论：兼顾品牌与销量，兼得"鱼"和"熊掌"

困扰中国80%跨界企业的"品牌"和"销量"问题，其实是一种"长"和"短"的问题，"长"代表了产品的品牌远景，"短"代表了产品的现实"获利"，即品牌与销量如何齐头并进的问题，换言之，是"鱼"和"熊掌"如何兼得的问题。

俗话说得好：水火难容。在企业的现实营销中，品牌和销量，就是这么一对水火冤家！

在希腊《伊索寓言》中，有个"生金蛋的鸡"的故事：从前有个人，家里养了只老母鸡，这只鸡特别能下蛋，可有一段时间这只鸡老是不下蛋，而且还病歪歪的。那个人想，这鸡不下蛋留着也没什么用了，就杀了这只鸡，剖开鸡肚子后发现这只鸡生病的原因是患了胆结石，大大小小的胆结石就像鸡蛋一样。杀鸡的时候正巧邻家的快嘴婆过来串门。看到后就四处散播，说这人杀鸡取卵，鼠目寸光，把好好的一只能下蛋的老母鸡给杀了。

这种为了要得到鸡蛋不惜把鸡杀了的贪图眼前好处而不顾长远利益的

行为被后人称为"杀鸡取卵",在现实的市场营销中,就有很多这样的事情。

发家于 A 市场的某地板品牌,是本地地板市场的老大。后来,为了寻求新的增长,该地板品牌把目光投向了 B 省。一个区域性品牌,进入另一个区域时,通路是一片空白,也没有什么品牌影响力,所以该地板品牌最后决定的市场拓展策略是:开发低价位的策略性产品。这个只有竞争对手 2/3 价格的低价地板在 B 市场颇受欢迎,以较少的推广营销费用获得了不错的销量表现。

然而,这一低价策略也存在着两大营销弊端:首先,该低价地板在 B 省利润率很低,成为公司一个"弃之可惜,食之无味"的鸡肋产品;其次,更大的隐患是,在 B 省消费者心中,该低价地板被认为是一个以价格取胜而非品质取胜的杂牌,后续推广费用虽然在增加,但销量却在逐年下滑。

为了获得销量,无视品牌规则的存在,忽视品牌内涵的塑造,舍本逐末地片面追求数据化的业绩,破坏性地掠夺市场的未来,这些没有考虑长远利益所获得的销量,都是昙花一现的销量泡沫。一个企业,把眼光放在一年、半年,甚至几周的销售利益上,从而催生了很多看似激动人心的销量泡沫,如果企业没有把三年、五年,甚至更为长远的利益融进产品营销的策略构建中,就会做出"杀鸡取卵"的事情。

### ■ 品牌和销量:共存共荣

对于有些企业来说,总是喜欢大搞品牌形象工程,但产品的终端销售总是差强人意;对于有些企业来说,每天大喊销量第一,到最后,没有品牌的支撑，销量也变得后劲乏力。

品牌与销量，真的只能是"你死我活"的单项选择吗？非也！

品牌的核心就是建立与目标消费者的精神联系，并让这种精神联系成为购买产品的动机，品牌塑造的目的就是不断将这种精神联系在消费者心中固化，从而产生有力抗击竞争、激发需求的持续性"销量"推力！

因此，"品牌"与"销量"并非水火难容，恰恰相反，"品牌"和"销量"是相互依存的一种正向互动关系，其中，"销量"是产品营销的终极目的，而"品牌"是推动销量"可持续发展"的一种必要手段，"品牌"与"销量"的提升应该是同步的！没有"销量"的"品牌"完全是"舍本逐空"，而没有"品牌"的"销量"只可能是"昙花一现"或"小打小闹"。

可见，"品牌"与"销量"有着"一损俱损、一亡俱亡"的经脉联系，因此，在我看来，对于任何一个产品，在其"品牌"和"销量"之间，都存在着一个可以实现"共赢"的"第三极"，一个位于"长"和"短"之间，可以实现"品牌"与"销量"兼顾的市场切入点，一个可以"长短兼顾"的品牌动销点！

■ **第三种生存模式**

所谓第三种生存模式，是在事物的两极间找到最佳契合点，寻求品牌与实效，"销售力"与"美誉度"的完美结合。第三种生存模式的提出，希望能在"长"与"短"、"远"与"近"、"多"与"少"的矛盾中找到一个适合企业现状的解决方案，同时希望企业在短线盈利的同时，通盘思考，同时兼顾长远，步步为营。第三种生存模式是符合目前中国本土企业需要的实效生存模式。

无论是做人，还是做事，都需要一把尺子，用这把尺子，可以判断我们做得到不到位，偏移了多少，对于跨界策划，凯纳也有一把尺子，那就是第三种生存模式。

第三种是在事物的两极间找到折中、有效的解决方案和突围之道，第三种融合"宏观"和"微观"，兼顾"实效"和"品牌"，不冒进，不偏激，在科学的范围内将创造力发挥到最大化，实现"销售力"和"美誉度"的完美结合，"第三种生存模式"是符合目前中国大、中、小型企业现状的生存模式。

1. 第三种生存模式是一个中间点

第三种生存模式就是要在品牌与销量之间寻找一个中间点，在这个中间点上，你可以做到：鱼，我所欲也；熊掌，亦我所欲也！要做到这一点，关键是一个"度"的把握，以市场促销为例，促销对市场的拉动、对销售的影响，几乎是即时性，也正是因为当下就可以看到绩效，所以很多企业的市场营销人员大都热衷于促销活动，但是，促销就像一针市场兴奋剂，用多了，副作用也就会逐渐显现出来，品牌营销仿佛是一场钓鱼竞赛，促销其实只是一个辅助的鱼饵，适度促销可以拉近消费者与品牌的距离，但是过度促销很可能让精明的"鱼群"望钩而逃，从而从根本上影响品牌的健康程度。

2. 第三种生存模式是一种均衡思维

第三种生存模式也是一种均衡的思维模式，有些像中庸，不偏不倚，调和折中，但为的却是"大有作为"，而非"庸庸碌碌"！

在孔子眼里，"中庸"为天下之大道，既可修身，也能治国，更能处世。处世中的"中庸之道"，就是不走极端，在人际关系中保持好平衡，做到"执中""用中"，使矛盾的双方维持在一种稳定状态，以免剧烈的质变所带来的灾难和失衡。如果把品牌和销量、远期利益和近期利益看成两个极端，第三种生存模式就是在这种两极状态中探寻一个平衡点。

当然，第三种生存模式的"中"和"中庸"的"中"一样，也不是绝对的，而是随着时间和外界情况的变化而变化，"中庸"中有"时中"的概念，宋代朱熹在注释"时中"时说："盖中无定体，随时而在，是乃平常之理也。"(《中庸章句集注》)"中庸"，是因"时"而"中"，因"地"而"中"，而非简单、僵化的"中间地带"。也正因为如此，第三种生存模式才是一种智慧、一种境界、一种高明的"互联网+"时代的生存之道。